Petit éloge du running

Les Éditions François Bourin deviennent Les Pérégrines

Les Pérégrines : un mot au féminin pluriel pour évoquer nos féminismes ; un nom en hommage au roman éponyme de Jeanne Bourin, grand-mère et figure d'inspiration d'Aude Chevrillon, la directrice de la maison.
Notre ambition : vous proposer un voyage intellectuel en publiant des textes toujours pertinents, souvent impertinents, qui, par des voix fortes et hardies, des plumes belles et singulières, observent le monde par différentes fenêtres, nous amènent à faire un pas de côté, nous poussent à mieux appréhender l'autre, l'étrangeté, la diversité, nous livrent des trajectoires inspirantes pour dessiner une société plus humaine.

Ouvrage coordonné par Virginie François
Couverture et mise en page : Julie Bloemhof
En couverture © iStock/Natalia-Flurno

Éditions Les Pérégrines
21, rue Trousseau 75011 Paris
www.editionslesperegrines.fr

Cécile Coulon

Petit éloge du running

Éditions Les Pérégrines

De la même autrice

Le Voleur de vie, Revoir, 2007

Sauvages, Revoir, 2008

Méfiez-vous des enfants sages, Viviane Hamy, 2010

Les Rouflaquettes électriques, Zinc, 2011

Le Roi n'a pas sommeil, Viviane Hamy, 2012

Le Rire du grand blessé, Viviane Hamy, 2013

Le Cœur du pélican, Viviane Hamy, 2015

Les grandes villes n'existent pas, Seuil, 2015

Trois saisons d'orage, Viviane Hamy, 2017, prix des Libraires

Les Ronces, Le Castor astral, 2018, prix SGDL « Révélation de la poésie » et prix Guillaume Apollinaire

Une bête au paradis, L'Iconoclaste, 2019, prix littéraire du *Monde*

Noir volcan, Le Castor astral, 2020

Seule en sa demeure, L'Iconoclaste, 2021

À celles et ceux qui courent sans raison.

Avant-propos

Je n'ai jamais eu de chagrin qu'une heure de course à pied n'ait dissipé.
Adaptation personnelle de « Je n'ai jamais eu de chagrin qu'une heure de lecture n'ait dissipé »
Montesquieu, *Pensées diverses*

Pourquoi est-ce que je cours ?

Parce que j'aime beaucoup les glaces, les cookies, les barres chocolatées, les crêpes, la pâte à tartiner, la bière, le vin rouge, le fromage. J'adore tout ça. Sans doute un peu trop.

Certes. Mais si je me suis mise à courir, c'est surtout parce que je suis issue d'une famille sportive, où tout le monde court depuis longtemps.

Ma mère a commencé l'athlétisme à l'âge de douze ans. Elle s'entraînait sur une piste ou dans un gymnase et participait à des compétitions le weekend. Elle ne s'est pas arrêtée depuis : aujourd'hui encore, elle court. Mon père, lui, est pongiste. Dès son enfance, il a appris à tenir une raquette avec son oncle. Lui non plus n'a jamais cessé de jouer et de s'entraîner. Je n'ai jamais connu mes parents inactifs. Ils ont tous deux une soixantaine d'années, et font du sport comme ils vont au cinéma ou lisent, avec régularité et plaisir.

De leur côté, mes deux grands frères ont intégré l'équipe de football du village voisin du nôtre avant l'âge de dix ans et ont enchaîné, eux aussi, avec la course. C'est naturellement que nous nous sommes mis à courir les uns avec les autres, mais pas forcément tous ensemble : il arrivait que mon frère aîné et ma mère partent pour une course à deux, ou bien que nous démarrions tous les quatre avant de nous disperser pendant le trajet, selon le nombre de kilomètres, la difficulté du parcours, la température extérieure. Quel que soit le parcours, nous partagions un moment, souvent sans même avoir besoin d'échanger une parole. Chacun se sentait libre de modifier cet instant, de le raccourcir ou, au contraire, de l'étirer, à sa guise. En ce sens, et malgré l'autorité parentale parfois pesante, la course à pied en famille fut toujours pour moi synonyme d'espace, de choix et de liberté. C'était assez beau d'ailleurs, cette cohérence du mouvement, de la foulée, ces bras, ces jambes, qui s'élançaient comme les branches d'un arbre, tantôt harmonieusement, tantôt chaotiquement selon la disposition du corps et le rythme de chacun, le moment de la journée, nos âges. Un enfant ne court pas comme un adolescent, qui, lui-même, ne court pas comme un adulte. Le tableau des cinq membres de notre famille soufflant, avançant chacun à sa vitesse, avait quelque chose de décalé et de fusionnel à la fois : si nous ne courions pas systématiquement les uns à côtés des autres, nous finissions toujours par nous retrouver, heureux, au même endroit. Les heures qui suivaient – le moment d'après la course est aussi important que la course elle-même – étaient les mêmes, chaque semaine : douche, repas copieux, sieste et goûter. Cela n'a pas changé.

Courir fut donc d'abord pour moi une affaire de famille. Une pratique naturelle, certes un peu difficile, mais joyeuse. Par la suite je me suis aperçue que cela me permettait d'équilibrer, à peu près, les chiffres de mon poids sur la balance, parfois même de « sauver les meubles ». Pour dire les choses simplement, courir équivalait à pouvoir manger tout ce que les régimes interdisaient sans prendre un gramme, mais sans en perdre un non plus. Après le loisir familial, la gourmandise. Il faut bien une raison de commencer quelque part. L'amour et la nourriture en valent d'autres.

Mes tous premiers cinq kilomètres en course officielle, et en famille bien sûr, ont été faciles à apprivoiser. Cela se passait à Clermont-Ferrand, chez nous, et en juin, un mois à la météo clémente. Du monde, des couleurs, de la musique, mais aussi, malgré un grand sourire aux lèvres, des jambes tremblantes de stress, le sentiment d'être engloutie par des milliers d'inconnus. Mon corps ne m'a pourtant pas trahie. Pas de douleur, pas de poumons bloqués – avec cette sensation d'avoir un embouteillage de premier weekend d'août entre la gorge et le nombril –, pas de jambes courbaturées. Rien de tout cela. Je n'ai pas souffert.

En revanche, la course suivante – dix kilomètres sur du bitume par une chaleur et une atmosphère à la *Mad Max* dans le désert – n'ont pas été aussi simples et faciles à « manger ». J'utilise ce verbe, « manger », assez répandu dans le jargon des coureurs, rebaptisés selon ce même jargon, « bornards », parce que c'est exactement ce que font les jambes : elles martèlent, ou caressent le sol, c'est selon, mais elles avalent des kilomètres et s'en nourrissent comme des plantes carnivores de mouches imprudentes. Le souvenir de ce premier « dix » est marqué par cette impression que ma tête allait exploser et que mon corps essayait de s'échapper par mes deux oreilles, et par ce sentiment, profond, que dans mes jambes, dans mes muscles à peine formés, se jouait quelque chose d'inconnu auquel je n'étais pas, ou mal, préparée. Qu'importe, je suis allée au bout, en râlant mais sans m'arrêter. Peut-être est-ce pour cela que j'ai continué, ensuite, à courir de manière aussi assidue. Parce que lors de cette première course en solo je suis allée « au bout » de quelque chose qui me paraissait absolument infaisable.

Avec le temps, courir est devenu une habitude. Aujourd'hui j'avale dix kilomètres tranquillement, comme si c'était « normal ». Mon corps a compris la leçon. Mes muscles savent. Et mes jambes réclament désormais leur dû.

À partir de l'âge de dix-huit ans, je courais environ dix kilomètres tous les trois jours. Puis j'ai commencé à m'intéresser à « mon temps », à vouloir aller plus vite, et à m'entraîner sur de plus longues distances mais aussi en côte ou en fractionné – pratique bien connue des « bornards » qui consiste à courir le plus rapidement possible sur quelques centaines de mètres pour ralentir et accélérer de nouveau afin de se faire un cœur. Une nouvelle étape était franchie, qui m'a d'ailleurs rappelé que mon estomac aimait beaucoup moins la course que mes jambes.

Mon premier semi-marathon, celui de Paris, a été à la fois extrêmement jouissif et douloureux, mais en course à pied, le plaisir ne vient pas sans une certaine dose de souffrance, volontairement administrée. D'ailleurs, je me demande parfois si le principe même de la course ce n'est pas d'essayer d'aller plus vite que sa douleur. D'être toujours un peu en avance sur elle. De la narguer, de lui faire comprendre qui commande, qui choisit, qui est fort.

Les coureurs sont de grands masochistes. Aujourd'hui, mes jambes avalent, en moyenne, quarante kilomètres par semaine. Et malheureusement, si j'en privais mon corps, ma pensée en serait affectée. Je ne pourrais plus écrire un roman, plus une ligne. Oui, car je suis écrivain aussi. J'ai commencé à raconter des histoires à l'adolescence. Depuis 2006, j'ai publié une quinzaine d'ouvrages, dont huit romans : *Le Cœur du Pélican* traite justement de la course, à travers les yeux, et les jambes, d'un athlète promis à une belle carrière sportive. Pour moi, le mouvement des jambes et la façon dont les pensées s'agencent, à la manière d'un jeu de Tetris mental, sont des outils d'écriture essentiels. J'écris en courant. L'histoire se construit pendant que les jambes bougent.

Au bout d'un certain temps, courir n'est donc plus une question de poids ou de silhouette, et les chiffres affichés par la balance deviennent d'ailleurs inutiles, superflus. Au début, il est fréquent que l'on commence à pratiquer la course à pied pour s'affûter, puis, au fil du temps, sans s'en rendre compte, on s'affûte pour courir.

Chaque coureur apparaît comme un maillon d'une chaîne immense, qui ne se referme jamais et ne cesse de s'étendre. Nous faisons partie d'un gigantesque ensemble, où se côtoient professionnels et amateurs, débutants et expérimentés, têtes et fins de peloton. Et la course à pied, au sens large du terme, contient tout ce que l'Histoire contient d'histoires : de l'ère paléolithique à nos jours, elle incarne le drame humain, ses passions, ses conquêtes, ses victoires et ses défaites. D'un point de vue sportif, la course est un enfant sauvage, un mauvais élève, parce qu'elle ne répond à aucune règle, ne retient aucune leçon : la course se pratique quand on veut, où l'on veut, avec ou sans matériel, seul ou à plusieurs. Elle ne s'alourdit d'aucune contrainte ; elle incarne la liberté de l'homme à chercher, dans sa douleur, dans sa vitesse, dans ses capacités physiques, morales et psychologiques, la force d'avancer, même s'il s'agit de revenir au point de départ. Car en course, lorsqu'on part sans se poser de question, il arrive souvent qu'on trouve une réponse sur sa lancée. Par exemple, il se peut que vienne une idée pendant la course, qu'on trouve, de manière soudaine et inattendue, un moyen de régler un problème du quotidien, qu'on démêle ce qui ne va pas. La tête devient une gigantesque « boîte à trucs », comme celles où les magiciens piochent les objets nécessaires à leur prochain tour.

Pour tenter de donner une idée de ce qui se passe pendant la course, pour montrer le processus à l'œuvre, ce texte se déroulera comme une épreuve sportive. Et pas des moindres : un marathon littéraire. Alors prenez le départ. Vous avez bien entendu le droit de vous arrêter en chemin, de reprendre votre souffle, de boire un coup, de manger un bout, de discuter avec votre voisin. La course ne vous oblige à rien, sauf à être vous-même. Un luxe par les temps qui courent.

Chapitre 1

Avant la course : échauffements et étirements

Pourquoi ces couillons courent-ils ?
Pourquoi se punissent-ils de manière si brutale,
sans le moindre prix à la clé ?
Hunter H. Thompson,
Le Marathon d'Honolulu

Soyons francs, c'est sans doute la première question que se pose n'importe quelle personne qui ne court pas, qui a essayé mais n'a jamais réussi à tenir plus de cinq minutes sans se retrouver en sueur, à cracher ses poumons, les deux mains sur l'estomac, l'œil mauvais qui signifie : « C'est la dernière fois que je me fais avoir. » C'est aussi la question que se posent le coureur endurci à la fin d'une compétition difficile, le joggeur qui a eu la mauvaise idée de partir en plein soleil, ou après avoir mangé un croissant trop beurré, mais aussi les amants terribles de la course, ceux qui la détestent et l'adorent en même temps. Et peut-être la réponse se trouve-t-elle avant son point d'interrogation final ? Les amateurs courent « comme des couillons » justement parce qu'il n'y a pas de prix – si ce n'est un t-shirt, une médaille, un chèque cadeau dans un magasin de sport – à la clé. Mais n'allons pas si vite ; la ligne d'arrivée est loin et celle du départ encore toute proche. Un peu d'histoire avant de se lancer, de s'élancer : qui est « le couillon » qui a inventé la course à pied, et que signifie « courir » ?

Le verbe « courir » vient du latin *currere*, qui signifie « aller avec vitesse », ou encore « se précipiter », « s'élancer ». En ancien français, *currere* devient *courre*, terme gardé dans l'expression « chasse à courre ». Le verbe latin nous vient du Ier siècle avant Jésus-Christ. On le retrouve notamment dans les *Pensées* de Cicéron. *Si ingrederis, curre, si curris, advola* : « Si tu es en marche, cours, si tu cours, voles. » Virgile, dans l'*Énéide*, emploie ce verbe pour accentuer la vitesse du torrent : *amnes currunt*, « les flots s'élancent ». La racine latine indique la dimension physique du verbe : courir est affaire de vitesse, de rapidité, de mouvement. Il s'agit d'aller en avant, d'aller vite, précipitamment. Le même verbe est ici utilisé pour parler du corps et des flots, pour parler du torrent comme de la cheville.

Partons alors du principe qu'on entend par « course à pied » toutes les pratiques qui consistent à passer du simple pas à la foulée. Aujourd'hui, selon les distances, le terrain, les modes relayées par les médias et les appellations officielles, les termes foisonnent pour désigner chaque discipline qui s'y rapporte, professionnelle ou non : le footing, le jogging, le running – l'anglicisme bien balancé fait vendre beaucoup de t-shirts fluos imprimés de messages motivants sur fond de paysages grandioses –, le sprint, le demi-fond, le fond, le trail (qui consiste à courir sur des chemins escarpés, en montagne ou en forêt, en affrontant l'épreuve du dénivelé), le marathon, mais aussi l'ultra (qui regroupe les courses dont les distances sont supérieures à celles du marathon). Le choix est vaste.

Si elle n'est pas au cœur de notre réflexion, il ne faudrait pas pour autant omettre d'évoquer la course rapide (ou sprint), déclinée sur 100 mètres, 200 mètres, 400 mètres, ou en épreuves de relais – discipline « reine » de l'athlétisme. Spectaculaire – cette course est si rapide qu'elle est déjà finie quand on croit qu'elle ne fait que commencer –, le sprint attire tous les regards lors des grandes compétitions, reléguant presque les différentes épreuves de fond au rayon des évènements secondaires. Le sprint est une épreuve de vitesse, de record, de force rapide, frontale : le surgissement du surhomme en dix secondes. Il n'est d'ailleurs pas à la portée de tous. Le sprint demande une technique développée en fonction des différents moments du parcours.

Parce qu'elles sont moins populaires, moins impressionnantes, moins agréables à regarder dans la mesure où elle requièrent une attention plus longue, les courses de fond sont moins intimidantes et donc davantage à la portée de tous. Ce que disent les kilomètres, c'est que tout le monde peut participer. La course de fond invite chacun à essayer, à tenter. Indulgente, elle autorise les tâtonnements. On peut marcher, puis courir, puis marcher de nouveau jusqu'à ce que l'on trouve son rythme et son souffle. Le sprint est une fulgurance ; la course est un voyage.

Depuis quelque temps, on observe d'ailleurs des variations spatiales bienvenues lors des évènements officiels. Pendant de longues années, les courses se sont en effet étalées sur un nombre de kilomètres bien défini : 5, 10, 21 (semi-marathon), et 42,1 (marathon). Peu d'exceptions à la règle. Aujourd'hui, la multiplication des courses associatives, des distances évaluées entre deux points distincts (châteaux, lacs, villes, monuments historiques, etc.) montrent que les épreuves ne sont plus seulement établies selon le nombre exact de kilomètres nécessaires au parcours, mais aussi selon les paysages traversés, les lieux visités. Ainsi fleurissent dans de nombreuses villes et villages des distances « bâtardes » : 7, 12, 16, 20,

24 kilomètres. Si, dans le cœur des coureurs, les distances historiques, citées précédemment, restent des références, les nouveaux évènements font la part belle aux changements. On court davantage pour le décor, pour l'ambiance, que pour les kilomètres. Une forme de tourisme en mouvement naît de cette nouvelle façon d'intégrer le patrimoine et son environnement au défi sportif. Il ne s'agit plus uniquement de courir, mais de découvrir.

Pour notre part, nous limiterons notre réflexion à la « course à pied » en tant qu'activité qui consiste, volontairement, à courir, quel que soit le terrain praticable, et la distance pratiquée. Débutons par nos pieds : nous sommes passés de quatre, à deux. Nous courons donc sur deux jambes, pas à quatre pattes (ce qui, paradoxalement, nous fait avancer moins vite que nos amies les bêtes). Les premières traces de l'homme bipède remontent, en Éthiopie, à quatre millions d'années avant Jésus-Christ. Sauf que depuis des années, les spécialistes se déchirent sur la question suivante : pourquoi l'homme s'est-il mis à marcher ? Est-ce une question environnementale – la position debout permettant de voir au-delà des herbes de la savane, et d'attraper plus de fruits lors de la cueillette ? Est-ce un atout originel – l'être humain a toujours été un bipède – qui s'est développé au fil des ères ? L'homme se serait-il donc naturellement redressé sans y être contraint ? Ou bien est-ce une question sexuelle ?

La thèse admise est la suivante : courir aurait permis à l'homme de survivre. Pour concurrencer la dextérité, la rapidité des animaux, l'homme, désarmé, court. C'est un charognard. Deux millions d'années avant Jésus-Christ, l'homme se met à courir pour récupérer les carcasses abandonnées par les prédateurs et s'en nourrir. Par la suite, le charognard humain pratique la « chasse à l'épuisement », qui consiste à courir après sa proie jusqu'à ce qu'elle se fatigue. Encore aujourd'hui, nous ne courons pas vite, nous courons même très doucement, mais nous avons les moyens de courir longtemps, nous pouvons être extrêmement endurants. Nous sommes nés en courant ; nous sommes devenus hommes en courant. Ce n'est que plusieurs milliers d'années plus tard que la course est devenue un jeu. L'Histoire nous apprend donc qu'en courant nous avons été capables de nous nourrir de viande, et, de ce fait, de nous fortifier, via un régime riche en protéines, qui aurait permis de développer le cerveau humain. Serions-nous donc plus intelligents, plus épanouis, plus cruels, aussi, grâce à la course de fond ?

Pour schématiser, entre l'ère préhistorique et aujourd'hui, c'est-à-dire entre le moment où l'homme a cessé d'être un charognard et celui où il s'est mis à courir la nuit dans Paris avec des baskets de toutes les couleurs et de la musique électro à fond dans les oreilles, la course à pied a connu trois grandes époques : la course comme valeur morale, physique et sociale ; la course comme « service » ; le sport moderne. On pourrait en ajouter une quatrième, celle du running contemporain.

La course comme valeur morale apparaît non plus comme un moyen de se nourrir, mais comme une voie pour nourrir les dieux et étoffer les hommages qui leur sont rendus en plusieurs endroits du monde. Les plus vieux marqueurs temporels de course à pied comme épreuve ou comme jeu apparaissent en Mésopotamie, presque quatre mille ans avant Jésus-Christ.

Plus tard, en Grèce évidemment, les Jeux olympiques fleuriront dans tout l'Empire, et la course à pied s'érigera au rang de challenge incontournable, avec la création de plusieurs évènements sur des distances différentes. Sous la plume des poètes et des philosophes, la course, synonyme de force et de pureté, devient une capacité que l'homme entier, l'homme doué d'intelligence, doit posséder. Pour Homère, la course à pied est ainsi la vertu cardinale du demi-dieu. Dans l'*Iliade*, Achille est décrit comme un garçon « aux pieds légers » ou « aux pieds rapides » – le pied est d'ailleurs l'une des parties du corps les plus mentionnées dans le texte – tandis que chaque personnage, chaque combat, est caractérisé par la position, la robustesse et la vitesse des jambes. Même chose dans *La République* de Platon : l'homme bon doit faire preuve de « santé, beauté et force de courir ». Courir, dans l'antiquité hellénique, est aussi un moyen pour régler des conflits quotidiens : en cas de problème entre voisins, on fait courir les deux opposants sur une même distance. Le plus rapide gagne raison : la course permet de départager les vertueux des faibles.

C'est à cette époque que naît le marathon. Cette course, aujourd'hui reine dans le cœur des runners, porte le nom de la ville d'où Phidippidès, un messager, partit pour prévenir les Grecs de l'issue de la bataille contre les Perses. La distance qu'il a dû parcourir, environ quarante kilomètres, n'est pas celle que l'on connaît aujourd'hui. Il faudra attendre le XXe siècle et les caprices de la couronne anglaise – lors des Jeux olympiques de Londres en 1908, le parcours est allongé afin que les coureurs passent sous les fenêtres du palais royal – pour que le fameux « 42,21 kilomètres » soit institutionnalisé. Quoi qu'il en soit, grâce au rapide messager, les Grecs sont prévenus. Le coureur, lui, ne survit pas à la fatigue de l'effort.

Entre 884 avant Jésus-Christ et 393 après Jésus-Christ, avant que les Jeux soient interdits par l'empereur chrétien Théodose (347-395 après

Jésus-Christ) qui y voit des pratiques païennes, plusieurs grandes manifestations sportives ont lieu. Au total, pas moins de neuf compétitions jalonnent l'histoire de l'Empire. Les premières célèbrent chacune une légende antique ; les dernières rendent hommage à un empereur. Les premiers Jeux olympiques auraient eu lieu en 776 avant Jésus-Christ, à Olympie. Leurs origines mythiques puisent à plusieurs sources.

Pélops, fils de Tantale et de Dioné, sauvé par les dieux après que son père le leur ait pourtant donné à manger lors d'un grand banquet, aurait institué les Jeux à l'occasion de la mort de son futur beau-père, Œnomaos. Celui-ci fut tué par sa propre fille qui, amoureuse de Pélops, avait fait saboter l'attelage de son père avant la course de char qui devait les opposer tous deux. Œnomaos avait en effet pour habitude de tuer les prétendants qui perdaient contre lui. Pélops, sorti vainqueur de la course, put épouser Hippodamie.

Un autre mythe raconte que c'est Héraclès lui-même qui aurait créé les Jeux en l'honneur de Pélops. Enfin, une troisième histoire suggère que le même Héraclès, après avoir nettoyé les écuries d'Augias sans recevoir de récompense, aurait tué ce dernier, avant d'instaurer les Jeux en guise de célébration. C'est aussi à cette époque que les récits des historiens font remonter l'apparition du premier champion de course à pied : Corèbe d'Élis, qui remporta l'épreuve du *stadion* (c'est de là que vient l'unité de longueur « stade », soit cent quatre-vingt douze mètres).

À la suite de ces premiers Jeux furent notamment organisés les Jeux isthmiques, en 580 avant Jésus-Christ à Corinthe, en l'honneur du dieu Poséïdon, et les Jeux pythiques, en 590 avant Jésus-Christ à Delphes, pour honorer la victoire du dieu Apollon sur le monstre Python.

Lorsque s'éteint la glorieuse période olympique, courir devient un travail qui nécessite vitesse, souplesse et endurance. La course n'est plus synonyme d'héroïsme, d'hommage divin ou de sagesse : les coureurs sont tombés du piédestal sur lequel la mythologie et la philosophie les avaient placés.

Il faut attendre la deuxième période du Moyen Âge pour retrouver des coureurs aux quatre coins du monde. Dans l'Empire ottoman, à partir du XIIIe siècle, les coureurs sont appelés les *peich*, un terme que l'on retrouve au XIXe siècle dans un essai de Guillaume Depping, *Merveilles de la force et de l'adresse*, pour désigner ces coureurs professionnels qui cabriolent et dansent en l'honneur du sultan. On en comptait pas moins de 80 dans les couloirs du palais. Portant des fers aux pieds afin que leur vitesse et leur allure évoquent celles du cheval, les *peich* furent les hommes les plus résistants de l'Empire ottoman. Ils devaient être capables, entre autres, de relier deux villes distantes de cent soixante kilomètres en moins de vingt-quatre heures.

En France, au même moment, la course devient la spécialité du Pays basque. Les hommes de cette région sont alors connus pour leur robustesse, leur vitesse. D'où l'expression « courir comme un basque ». La Korrikolaris, qui fut créée à cette époque, s'est maintenue jusqu'à aujourd'hui : généralement organisée au printemps, en montagne, cette course départage deux coureurs sur une même distance. Les coureurs issus du Pays basque deviennent ainsi des laquais. D'ailleurs, jusqu'en 1789, « laquais » et « basque » sont couramment employés comme synonymes. Le laquais, du turc *ulaq*, signifie « courrier à pied ». Les laquais sont d'abord employés auprès de la Société des Postes pour livrer les messages, puis par la bourgeoisie, comme coureurs personnels. De même, en Angleterre, les *running footmen* sont prisés par la noblesse : capables d'avaler des distances ahurissantes pour le compte de leurs employeurs, ils se déplacent avec une canne creuse qui contient de quoi subsister pendant la course – des œufs et du vin blanc : un régime pourtant peu fortifiant... Le rythme effréné des demandes et des trajets épuise les valets qui meurent, en moyenne, au bout de cinq ans de service. Notons qu'aujourd'hui le terme *footman*, qui désigne les domestiques, vient de cette tradition de « coureur à tout faire ».

Peich dans l'Empire ottoman, « laquais » ou « basque » en France, *footman* en Angleterre, *zagal*, « brave homme », en Espagne : jusqu'à l'ère industrielle, la course est une fonction, un métier. Il ne s'agit plus de jouer, mais de gagner sa vie. De se nourrir, non en chassant, mais en étant messager de ceux qui peuvent fournir pitance.

Avant les premiers Jeux olympiques modernes lancés par Pierre de Coubertin en 1896, la course à pied a connu des soubresauts plus ou moins glorieux, en France et en Angleterre, où l'athlétisme commence à se pratiquer dans les « clubs » que nous connaissons aujourd'hui. Des coureurs professionnels se mesurent à des concurrents inconnus pour de l'argent : dès 1853, les courses sont dotées de prix allant de 100 à 300 francs ; le public mise et les bookmakers prennent les paris.

Jusqu'à la fin du XIXe siècle, ces compétitions sportives sont très populaires. Elles sont aussi… interdites. Pour des raisons religieuses, comme en Angleterre, où l'église anglicane déplore les beuveries qui suivent les manifestations. Mais aussi pour des raisons pécuniaires, comme en France, où Ernest Demay, ancien avocat au conseil d'État, et Georges de Saint-Clair, aristocrate sportif secrétaire général du Racing Club, pionnier en matière de développement de sport français, futur président de la toute nouvelle Union des sociétés françaises de sports athlétiques, se lancent dans une campagne de purification de l'athlétisme en projetant d'interdire la professionnalisation des athlètes. À ce moment-là, dans l'Hexagone, les courses sont de fait extrêmement prisées lors des fêtes foraines, des fêtes de village ou même lors des bals populaires. Les bookmakers parient sur des coureurs « d'écurie », c'est-à-dire sur un ou plusieurs concurrents qui se regroupent et se déplacent ensemble. Le « turf », très en vogue à cette période et qui rassemble toutes les activités liées aux courses de chevaux, marque la discipline. On parie sur des coureurs comme sur des animaux.

La vaste entreprise de restauration du modèle sportif prôné par Pierre de Coubertin dès 1896 va redorer le blason du sport, et en particulier celui des épreuves de course. Le coureur fera désormais figure d'homme fort. L'initiative reprend évidemment l'idéal des Jeux antiques, à ceci près qu'il ne s'agit plus de célébrer les dieux, mais les hommes. Leur courage, leur ténacité, leur capacité à se dépasser pour leur pays. Comme Ernest

Demay, Pierre de Coubertin lutte pour que sport et argent ne soient pas mis dans le même panier, ce qui conduira l'athlétisme, et donc la course à pied, à connaître une crise médiatique et populaire dans les années 1930, à l'heure où le football commence à attirer les foules. L'athlétisme perd de sa popularité : sa non-professionnalisation pousse les athlètes à s'exiler ; l'interdiction des paris limite la ferveur du public. Et les prémices du second conflit mondial propagent une image fantasmée plutôt négative du sportif : en Allemagne, les affiches de propagande du parti nazi montrent un homme grand, musclé, fort, au croisement du sportif, du militaire et du porte-voix du patriotisme allemand. L'athlétisme participe du culte du corps « aryen », mécanique et guerrier, et le sport devient une arme de combat. Il faudra attendre la fin de la guerre pour que la course, et plus largement l'athlétisme, soient de nouveau considérés comme des activités nobles.

Récapitulons. L'homme est devenu coureur pour se nourrir, puis le coureur a mis ses jambes au service des guerriers, des dieux, des empereurs, des hautes maisons, pour finalement représenter un club, une ville, une région. La course est un don de soi pour une entité qui dépasse l'individu. Il faut attendre la seconde moitié du XXe siècle pour que l'homme se mette à courir, seul ou en groupe, sans licence sportive, sans forcément participer à des manifestations, sans chronomètre.

Une nouvelle forme de course est née : la course pour rien. La course pour la course. Et c'est ce qui en fait aujourd'hui l'une des formes d'accomplissement les plus fascinantes et paradoxales de l'ère moderne, puisqu'elle a le pouvoir d'exister sans but, sans horizon, sans équipe ni pression. Elle n'appartient plus qu'à celui qui décide de céder le pas à la foulée.

L'échauffement est terminé : les coureurs sont en place. Chevilles et genoux sont déliés, les pieds tremblent doucement. Chacun regarde à droite, à gauche ; ceux qui sont venus en groupe lancent des blagues, agitent les bras et dénouent leurs épaules. Le corps, à ce moment précis, ressemble à une plante secouée par un vent intérieur :

chacun s'acclimate. Certains s'exercent, à la manière de gymnastes, font craquer leurs articulations, s'abreuvent à petites gorgées, remontent leurs manches ou le bandeau qui protège les oreilles ou le cou. D'autres restent très droits. Entrés en eux-mêmes, ils s'écoutent, indifférents aux bruits extérieurs. Ils ont l'air d'être fatigués, de dormir debout. Mais en réalité ils discutent silencieusement avec une part d'eux-mêmes à laquelle personne n'a accès. D'autres encore font du bruit : ils chantent, crient, hurlent, dansent. Ils s'amusent. Ils se sont levés très tôt ; c'est un moment de fête plutôt que de douleur. Nombreux sont ceux qui les regardent avec un petit sourire, qui signifie : « Tu feras moins le malin dans deux heures. » Sur la ligne de départ, amateurs et professionnels du circuit attendent par centaines ou milliers le coup de sifflet. Quant à ceux qui ne participent pas, imaginons-les sur le pas de leur porte, baskets au pieds, clés dans la poche du short ou de la veste, prêts à suivre l'épreuve de loin. Ça y est, ça commence. Bonne course.

Ravitaillement
(Pas de marathon sans pauses)

Disons les choses simplement : pour courir, il faut de l'énergie. Pour avoir de l'énergie, il faut manger. Correctement. C'est-à-dire ne pas partir avec un hamburger et un coca dans l'estomac, ni, à l'inverse, penser qu'à jeun, ou après une soirée arrosée, c'est « faisable ». Ça peut l'être, mais ce sera forcément douloureux, et peu esthétique à regarder.

Il faut manger. Avant et après l'entraînement. Avant et après la course officielle. Pas à n'importe quelle heure, et pas n'importe quoi. Chaque coureur se connaît, sait ce que son estomac digère facilement. Mais il faut aussi s'alimenter pendant la course. Plus la distance est longue, plus le besoin de carburant est fort.

On entend par « ravitaillement » deux dispositifs. D'une part les tables installées en bord de parcours par les organisateurs, sur lesquelles sont disposées différentes portions de nourriture, et d'autre part les rations que les coureurs emportent pour s'alimenter pendant l'épreuve.

En marathon, on compte un poste de ravitaillement tous les cinq kilomètres. Les coureurs se divisent en deux catégories : ceux qui s'arrêtent devant les tables, quelques secondes, pour boire et manger, et ceux qui ont déjà sur eux de quoi tenir, sans avoir besoin de cette pause. Ainsi, certains coureurs sont tout équipés : « camel bag » plein – littéralement « sac chameau », un sac à dos avec une poche d'un litre d'eau intégré, relié à une paille, qui permet de passer outre les ravitaillements – ; ceinture avec compartiments pour boissons et gel énergétiques. Tout ce qui est simple, pratique. Ceux-là ne jetteront même pas un regard aux tables, à moins qu'ils soient en « panne » d'eau. Ils ont tout prévu. Mais la grande majorité des participants courent sans matériel. Ils ne s'encombrent de rien, et doivent donc s'arrêter pendant la course pour recharger les batteries. Le premier ravitaillement est généralement celui qui attire le moins de coureurs, car ceux-ci ne se sentent pas encore fatigués. Erreur : il est sans doute l'un des plus importants pour le corps, car il permet de prévenir la soif, l'hypoglycémie, la fatigue.

Concrètement, un point de ravitaillement se compose de plusieurs longues tables derrière lesquelles s'affairent des bénévoles qui remplissent des gobelets d'eau, des assiettes en carton d'abricots secs, de morceaux de sucre, de bananes coupées en tranches. Au début, donc, les coureurs ne se précipitent pas dessus : c'est à partir du deuxième passage que les choses se compliquent. Imaginez plusieurs centaines de participants s'arrêter quelques secondes pour grappiller quelques gorgées d'eau tiède, avaler en vitesse un fruit sec ou croquer un morceau du sucre (ou de chocolat pour les plus chanceux). Et puis il y a ceux qui courent moins vite et qui arrivent devant la table au moment où il n'y a presque plus rien.

Dans ce texte, lecteur, trois ravitaillements sont prévus pour que vous puissiez reprendre votre souffle.

Chapitre 2

Les premiers kilomètres (où l'on se demande ce qu'on fout là finalement)

Il n'existe pas de mauvais temps,
juste des gens mous.
Bill Bowerman, co-fondateur de Nike
et entraîneur sportif.

On compte aujourd'hui en France pas moins de 16 millions de personnes qui pratiquent la course à pied, et ce chiffre ne cesse d'augmenter[1]. Avec tout autant de raisons de le faire, de lieux, de façons de courir, de vêtements, d'allures, de vitesses. Cette activité passionne les Français,

1. Chiffres du Sommet de la course à pied, 2016.

et les autres. La fièvre du running s'est abattue sur le monde depuis les années 1960, mais l'on assiste, depuis dix ans, à un débordement sportif sans précédent : jusqu'à faire des foulées sur place s'il le faut dans des salles surchauffées, et même parfois dans l'eau ou dans la boue. Il faut courir. Absolument. Une obsession relayée par les réseaux sociaux qui nous bombardent de photos de paysages 100 fois retouchées et barrées de phrases motivantes et culpabilisantes, nous invitant à l'effort. La course est devenue aussi *hype* que cruelle. D'ailleurs, on ne parle plus, mais alors plus du tout, de « course à pied », mais de footing, jogging, running. Comme si la sueur, l'odeur des baskets et des aisselles après vingt bornes, les stries rouges sur les joues et les cheveux gras en bataille devenaient plus sexy dans cette langue universelle, vive, rythmée, simple à apprendre. Génie du marketing, de la communication et du slogan, l'anglais permet d'être fatigué, mais avec classe.

La course n'a pourtant pas toujours fait l'objet d'un tel culte. Dans les années 1960, aux États-Unis, les quelques joggeurs trottinant à Central

Park étaient considérés comme de doux dingues, voire des pervers. La course à pied, quand elle n'était pas pratiquée dans le cadre strict des manifestations sportives, apparaissait comme une chose étrange, peu habituelle. L'historien, sportif, ex-champion de fond et réalisateur de l'excellent documentaire *Free to run*, Pierre Morath, raconte :

> Le coureur d'aujourd'hui, qui s'inscrit à une course, qui court librement dans les bois ou dans la rue, ne peut pas imaginer qu'hier, c'est-à-dire il y a quarante ans, ce simple droit de courir lui était interdit s'il n'était pas un champion. Qu'il ait fallu se battre pour acquérir le simple droit de mettre librement un pied devant l'autre, parce que c'est ça la course, ça paraît complètement hallucinant !

Dans les années 1960, courir est une activité réservée à l'élite de la discipline ; elle se pratique au stade, dans des règles imposées, en club, mais jamais, au grand jamais, seul ! Les premiers à courir, hors club ou hors compétition, sont paradoxalement les hippies, alors qu'on les imagine volontiers affalés dans un canapé à fumer des joints plutôt qu'à transpirer en short. Pierre Morath poursuit :

> La course à pied suit les tremblements et les oscillations de la société depuis les années 1960. Elle a un lien direct avec le Flower Power, Mai 68, la contre-culture ou les mouvements des seventies. Il y a ce combat pour l'émancipation féminine qui est très actif dans la course à pied, cette naissance aussi de la conscience écologique, du retour à la nature – on sort du stade où était confiné l'athlète pour aller défricher des espaces –, et enfin cette recherche de sensations propre à cette époque.

Plus loin, il évoque le côté « mystique » de cette pratique. Les neurotransmetteurs permettent au coureur de « planer », et en même temps, de connaître des territoires inconnus de son propre corps. De la course aux « portes de la perception », titre d'un roman d'Aldous Huxley auquel les Doors ont emprunté leur nom, il n'y a qu'un pas.

À cette recherche de « défonce » naturelle vient se greffer le désir de repousser ses limites physiques et mentales. Il est toujours question, depuis que l'homme s'est hissé sur deux jambes, de son rapport au corps dans la course à pied, d'une perturbation intérieure, d'une secousse profonde qui nous indique que nous sommes les passagers d'un organisme qui n'est pas que muscles et organes mais aussi pensées et émotions. Nous serions ainsi victimes d'une sorte d'encombrement par le corps sur lequel nous nous devons d'agir. Courir pour maigrir, mincir, sculpter sa silhouette ; courir pour battre des records, pour dépasser sa condition humaine et vénérer les dieux : quel que soit le motif, il s'agit toujours de battre son propre corps. À ce titre, la course est la preuve musculaire et psychique que la marche ne suffit pas.

Après les expérimentations de la mystique hippie, il faut attendre les années 1980 pour assister à un phénomène d'expansion de la course, hors des codes de l'athlétisme. C'est d'ailleurs à cette époque qu'elle change de nom en France pour se muer en « footing », terme inventé de toutes pièces pour caractériser une forme de course lente, presque nonchalante, à moins de 10 km/h. En ce sens, le footing se rapproche du « jogging », mot qui apparaît dès le XVIe siècle en littérature. Dans *La Mégère apprivoisée*, Shakespeare fait dire à Catharina, la fille aînée impossible à marier à cause de son caractère, la réplique suivante : « *You may be jogging while your boots are green* », qu'on peut traduire par « Continuez à vous amuser tant que vous êtes jeune ». Adressée au prétendant Petruchio, la phrase se veut dédaigneuse, cynique. « Jogging » signifie ici « *run around* », « fureter », se promener sur un mode ludique. Pas de vitesse, pas de fierté, juste une posture qui serait celle d'un chien à la recherche d'un os à ronger.

Le jogging se pratique donc par plaisir le dimanche ou pour « garder la forme ». C'est le footing tranquille. Le running, à l'inverse, implique un challenge, un chrono, un temps, ou, pour le dire en un mot, une performance. Le premier, c'est la course à pied sans ambition ; le second, c'est la course à pied avec ambition. Et aujourd'hui, le running est en train de prendre le dessus sur le jogging à papa, tout comme les vêtements techniques et ultra-modernes ont eu raison du short éponge et du survêtement que l'on voit désormais plus souvent sur les podiums que dans les stades.

L'évolution lexicale accompagne l'évolution sociale. De la même manière qu'on a glissé du « jogging » au « running », on est donc passé, en l'espace de quarante ans, des athlètes confinés aux stades à des millions d'amateurs dévalant les rues des villes françaises ou les chemins des campagnes. Les coureurs font aujourd'hui partie intégrante des paysages urbains et ruraux. Beau pour certains, agaçant pour d'autres, la fille ou le type qui slalome entre les passants, devance les randonneurs et ne court jamais du bon côté de la route est une drôle de créature. En 2016, le Sommet de la course à pied recensait les chiffres du secteur : sur les 16,5 millions de personnes qui déclaraient avoir couru dans l'année, environ un quart d'entre elles avait participé à une course officielle. Mais les deux mesures qui nous intéressent, offrant sans doute un éclairage moderne au « pourquoi » de la course à pied, sont les suivantes : 72 % des pratiquants préfèrent courir seuls, et 65 % courent avec leur smartphone. Ajoutons à cela que les trois quarts des personnes interrogées disent s'y être mises pour des raisons de santé : amélioration de la condition physique, perte de poids, régulation du stress. L'engouement spectaculaire, actuel, pour la course à pied, est dû à l'engouement tout aussi spectaculaire et actuel que la société française porte à son propre corps, qui trahit une peur panique de voir son corps vieillir, et mal vieillir. Disparaître.

La course à pied est constitutive de l'image de l'homme moderne ; est-il possible qu'elle nous empêche de nous évaporer ? En 2016, les sociologues Carl Cederström et André Spicer, dans un essai intitulé *Le Syndrome du bonheur*, disséquaient consciencieusement la capacité des individus à « performer » en permanence, à partir à la recherche d'un bien-être absolu, tyrannique, physique et mental. Les deux auteurs écrivaient, à propos de cette course – un autre genre de course – à la flamboyance personnelle :

> Il y a de fortes chances que le repli sur soi et le surinvestissement du corps soient en passe de devenir des solutions séduisantes et auxquelles de plus en plus de gens ont recours pour ne plus avoir à se préoccuper du monde qui les entoure.

Je pourrais citer plusieurs passages de ce texte. Mais celui-ci résume parfaitement une certaine forme d'angoisse liée à l'injonction actuelle selon laquelle il faut être « l'architecte de sa propre réussite », dont la course apparaît comme un prolongement. On peut l'être, mais est-on obligé de l'être ?

Certes, on ne peut pas réduire tous les coureurs au simple « *winner* » prêt à tout pour gagner trois secondes sur un chrono. Ce n'est pas le but, ni la vérité. Mais on ne peut nier que les raisons premières, qui poussent une majorité des nouveaux coureurs à avaler des kilomètres, sont relatives au développement personnel. L'étude menée en 2016 sur les presque 17 millions de coureurs montrait qu'à peine un tiers d'entre eux pratiquaient la course juste « pour le plaisir ». Et c'est peut-être en ce sens que celle-ci revêt un caractère particulier : si le geste en lui-même est beau, digne d'être vu, commenté, les raisons de ce geste, à la fois si naturel et pourtant si douloureux dans l'effort, sont directement liées à ce que Pierre Morath appelle « les oscillations de la société », c'est-à-dire les changements de perspectives, de regard portés sur son propre corps et sur celui des autres, des points de vue intime et politique. Et dans ces oscillations, on compte celle de la morphologie des Français et de sa perception. Car si nous sommes les champions d'Europe de « la minceur » prônée par les magazines féminins[1], il n'en reste pas moins vrai que les Français n'ont jamais été aussi lourds : près d'un homme sur deux

1. Parution de l'Institut national d'études démographiques, « Surpoids, normes et jugements en matière de poids : comparaisons européennes », 2009.

est ainsi en surpoids[1]. Même si elle apporte beaucoup d'autres réels bienfaits, la course n'a jamais été aussi étroitement liée au corps, au bien-être et au développement personnel qu'aujourd'hui. Pourquoi pas. La bonne nouvelle, c'est que les nouveaux amateurs de la discipline découvrent, en pratiquant, des sensations qu'ils n'imaginaient pas. Il suffit de poser la question à des coureurs débutants qui se sont parfois lancés par pression sociale, esthétique ou familiale, ou de s'attarder sur les témoignages laissés en ligne sur des forums spécialisés ou publiés dans les magazines dédiés à la santé ou au bien-être, pour constater à quel point les pratiquants changent progressivement de regard sur eux-mêmes et sur la discipline. Plus qu'un simple remède au surpoids, au stress ou à une image de soi défaillante, la course devient une expérience intime qui permet de se réconcilier avec soi-même.

---

1. Équipe de surveillance et d'épidémiologie nutritionnelle (ESEN), Étude de santé sur l'environnement, la biosurveillance, l'activité physique et la nutrition (ESTEBAN), 2014-2016, volet « Nutrition », chapitre « Corpulence », Saint-Maurice, France, 2017.

En d'autres termes, il y a quarante ans, le dingue, c'est celui qui faisait son footing seul ; aujourd'hui, le dingue, c'est celui qui ne court pas.

Premier ravitaillement

Le premier ravitaillement, en vue au bout des cinq premiers kilomètres, n'est pas celui qu'on attend le plus ; les participants avisés s'arrêtent quand même, certains trottinent sur place le temps de finir leur gobelet, d'autres marchent quelques secondes. Ils ménagent leurs réserves : le corps n'exulte pas encore. Ce sont les prochains qui comptent réellement. Le premier ravitaillement est un avertissement ; les autres, une nécessité.

CHAPITRE 3

Dix kilomètres dans les jambes (où l'on se croit invincible, capable de tout)

Ce n'est pas l'argent qui m'a attiré dans la course.
On m'avait dit : ne laisse pas passer l'instant ; va voir s'il y a une limite, là-bas, au bout de la Terre, et si on peut déplacer l'horizon.
Vladimir Vyssotski, *Le Vol arrêté*

Premiers kilomètres dans les jambes. Et pourtant, on se sent encore léger. L'effervescence, la vue des concurrents, les petits gestes des amis qui nous poussent à accélérer, les gens qui nous doublent, ceux qu'on double, les groupes de musique qui jouent sur le bord de la route et les curieux qui viennent soutenir leur cousin, leur fille, en hurlant « vas-y Loulou !!! » derrière les barrières… Autant de raisons pour lesquelles la plupart des participants partent toujours trop vite dans une course officielle. Mais on est heureux, ému, prêt à affronter le bitume, la chaleur, les concurrents insupportables qui nous coupent la trajectoire ou ralentissent d'un coup d'un seul, ceux qui nous marchent sur le talon, ou, grand classique, ceux qui ne supportent pas d'être doublés par une femme, ou par plus petit qu'eux.

Petit rappel à l'attention des hommes : si cela vous agace d'être dépassé par une fille, ce n'est pas que vous êtes lent, c'est que vous êtes macho. Parenthèse refermée.

Les dix premiers kilomètres sont ceux de l'allégresse. Tout le monde est content. Les souffles se répondent, les foulées se suivent et les smartphones, montres high-tech et applis enregistrent en chœur les kilomètres et les cadences. Car si le corps est en éveil, la technologie aussi. Et plus encore que les gadgets électroniques, s'il y a bien une technologie qui a révolutionné le monde de la course à pied, c'est celle du vêtement. Oui. Parce qu'aujourd'hui, courir, c'est aussi et surtout être à la mode. Une mode qui joue un rôle prépondérant dans la motivation: on va courir pour ressembler à quelqu'un d'autre que soi, ou au vrai soi-même qu'on cache à l'intérieur. Quand on court, on n'est plus Clark Kent, on devient Superman. Car aujourd'hui, la tenue du coureur ressemble à celle du super-héros: même coupe ajustée, même modèle de justaucorps, leggings et haut, mêmes bandes de couleurs en forme de flèches ou d'éclairs, mêmes plastrons sur la poitrine, mêmes lignes, mêmes matières.

Il y a d'ailleurs un lien entre les super-héros qui tentent d'oublier leur identité et leurs faiblesses à travers leurs costumes et ceux qui vont courir pour oublier leurs peurs et leur stress quotidiens. Qui est Spiderman, sinon un ado timide, maladroit, nul avec les filles, qui devient, une fois son habit de lumières passé, quelqu'un capable d'accomplir de grandes choses ? En clair, un homme se mue en super-héros lorsqu'il réalise un exploit surhumain. Est-ce que ce n'est pas aussi le but du coureur qui, vêtu de ses vêtements ultra techniques, se lance sur la ligne de départ du marathon ?

Mais avant de parler leggings, shorts et maillots connectés capables de retenir des litres de sueur tout en vous donnant un look à faire pâlir Lara Croft ou Captain America, n'oublions pas que tout a commencé avec le survêtement. D'abord uniforme officiel de la remise des médailles aux Jeux olympiques, cet ensemble « veste-pantalon » s'est ensuite imposé dans le vestiaire sportif de tout un chacun et dans toutes les cours de récréation, sur le dos des élèves comme sur celui des profs d'EPS qu'on voit pourtant rarement courir après un ballon. Rebaptisé aussi parfois « jogging », le survêtement est le seul habit, même s'il sert désormais de costume à tous les sports, qui tire son nom de la pratique sportive pour lequel il a été créé.

Le survêtement est à l'origine de l'engouement pour le *sportswear*, et de fait, le premier atour qui a conféré à la course à pied ses galons d'activité *hype*. Il apparaît pour la première fois sur les épaules des athlètes en 1924, lors des Jeux olympiques de Paris, dans sa version velours. Le coureur de

200 mètres britannique Olivier Johnson Schofield fut d'ailleurs le premier à l'arborer lors de cette compétition : s'il n'y remporta aucune médaille, il s'y illustra en agrémentant son survêtement d'une cravate – un homme, un vrai, un gentleman, ne sort jamais sans cravate. Presque cent ans plus tard, la mode et les médias sont passés par là ; le survêtement est désormais LA panoplie décontractée universelle. Du rappeur américain à la mère de famille en mode cocooning, en passant par l'ado en pleine période de rebellion, le jog' velours se décline chez Puma, Adidas et Vuitton pour les plus aisés, ou chez Undiz et H&M pour les autres.

Au départ, le survêtement n'est pourtant pas une tenue pour faire du sport mais un ensemble qui vient recouvrir les vrais habits de l'effort : le t-shirt et le short. Il permet de maintenir la température du corps pour faciliter la récupération des athlètes. Son usage a, depuis, largement dépassé la sphère sportive et, savoureux paradoxe, la plupart des gens qui portent un jogging aujourd'hui n'en font pas.

Le tournant a eu lieu vers la fin des années 1980, à la faveur de la diffusion des clips de rap américain. Le jogging y apparaît en version molleton extra large (impossible de faire du sport avec), agrémenté de grosses baskets. Un look très largement repris par les chanteurs et chanteuses pop : Britney Spears, les Spice Girls, ou Lorie en France, lui donnent une touche sexy en remplaçant la veste par une brassière. Le monde de la musique a rendu le jogging cool, nonchalant, presque insolent. Initialement conçu pour les stades et taillé pour l'effort, il est ainsi devenu LA référence en matière de « sport-sans-faire-de-sport ».

Idem pour les baskets, un peu plus tardivement : jusque dans les années 2000, la chaussure de running a conservé sa fonction initiale. En revanche, celle de basket-ball (Converse) ou de tennis (Reebok/Adidas) noie depuis longtemps le segment sportif du marché de la mode. Il faut dire que, pendant longtemps, la chaussure de course était lourde et peu esthétique. L'idée marketing viendra de la firme Nike : faites le test, la prochaine fois que vous serez dans une gare ou, mieux, dans un aéroport. Dans le hall d'attente, baissez les yeux et comptez le nombre de personnes qui portent ces fameuses baskets ultra-légères, à semelles blanches amorties et dont les lacets sont parfois même remplacés par des bandes élastiques. Deux cents grammes à chaque pied de maille respirante et de design savamment étudié. Des merveilles de technologie permettant d'aborder tous les terrains par tous les temps. Elle est pourtant majoritairement portée aujourd'hui pour ne pas courir, tant elle est confortable, esthétique, légère. En d'autres termes, il y a désormais plus de non-coureurs qui ont acheté des baskets faites pour la course que de coureurs.

Mais que l'on pratique ou non, le survêtement et les chaussures sont aujourd'hui les signes extérieurs d'un accomplissement personnel qu'il faut, absolument, montrer.

Quid de ceux qui courent vraiment? Paradoxalement, parmi ces derniers, certains se fichent de leur tenue, portant le même short et le même pantalon mille fois lavés, se contentant de t-shirts promotionnels en lycra, et ne changeant de paire de chaussures qu'une fois par an. Oui, ceux-là existent encore. Mais à côté de ces irréductibles, la plupart des coureurs alimentent un secteur économique qui a connu une expansion sans précédent. Selon le délégué général de la Fédération française des industries du sport et des loisirs, Virgile Caillet, le marché français de la course à pied – vêtements, chaussures, accessoires – représenterait aujourd'hui près d'un milliard d'euros, et connaîtrait une « croissance de 40 % » de son chiffre d'affaires chaque année. La plupart des grandes enseignes vendent désormais des vêtements de sport pour tous et pour tout. Pour les novices, les débutants, les coureurs confirmés, les athlètes du dimanche comme ceux des autres jours de la semaine ; pour tous les temps, toutes les conditions possibles. Pourtant, la course est (avec la natation et la gym) le sport le moins cher à pratiquer. Dans les faits, une paire de chaussures suffit. Pour le dire simplement : on n'a jamais autant dépensé pour un sport qui ne coûte rien.

La mode et le marketing du sport ne doivent pas nous faire oublier que sous les vêtements, qu'ils soient basiques ou à la pointe de la technologie, le coureur possède un corps. Or quand on évoque le physique de ceux qui pratiquent la course de fond, il faut rapidement évacuer l'idée du « beau corps », selon les codes en vigueur aujourd'hui. Rappelons une évidence : la beauté n'appartient qu'à celui qui la découvre, selon ses propres critères. Parler de beau corps en course à pied apparaît comme un non-sens. Elle peut, tout au plus, promettre la minceur, mais certainement pas celle dont les canons sont glorifiés par les médias. Fesses plates, cuisses épaisses, muscles fins, silhouette sans courbes : les coureurs ont des corps « utiles », dégraissés, des corps « pratiques ». En réalité, courir n'a jamais fait maigrir personne : mincir à la limite oui, mais n'oublions pas que courir ouvre aussi l'appétit. Seuls les coureurs du dimanche avalent des kilomètres dans l'espoir de se délester de quelques kilos. Pour les pratiquants assidus, la question de l'apparence est plus que secondaire. Cette idée du dépassement de soi, de la recherche d'une limite faite uniquement pour être enjambée, repoussée à chaque nouvelle étape, devient le nœud gordien de la course et de ceux qui la pratiquent. Or, pour cela, il faut garder une chose en tête : la course a horreur du superflu. À partir d'un certain nombre de kilomètres courus – chiffre qui diffère selon chacun –, chaque centaine de grammes de graisse est ressentie, de manière amplifiée, comme un boulet qu'on traîne, qui nous ralentit, nous fatigue et nous empêche d'y arriver.

Depuis les années 1970, l'allure du coureur a peu changé : mince, filiforme, en muscles longs. Le coureur est rarement très grand ou baraqué. En revanche, ce qui a évolué, c'est le dessin des muscles : ils sont plus visibles, moins gras aujourd'hui qu'il y a trente ans. Le régime d'un coureur diffère selon la distance pratiquée : un marathonien ne se nourrit pas comme un « ultra » ; un joggeur du dimanche ne goûte pas le même menu qu'un habitué des courses officielles.

En réalité, il existe un paradoxe physique : plus l'on pratique, plus l'on se déleste de l'inutile, mais plus l'on mange ! Il faut le redire, l'exercice, ça creuse. Le coureur lambda doit faire des réserves de glycogène, grâce aux glucides complexes : riz, pâtes, pommes de terre, céréales. Le repas « classique » se compose de féculents, de légumes, de protéines (laitages, viande blanche, viande rouge peu grasse), de fruits crus ou cuits. Le coureur veille toujours à être bien hydraté : deux litres d'eau par jour, minimum. La prise de poudres protéinées n'est pas une pratique extrêmement répandue dans les sports d'endurance, mais elle apparaît parfois comme une alternative efficace pour la récupération musculaire après l'effort. On se nourrit plus, et surtout mieux, pour un corps dense, musculeux, resserré.

Ça y est, les dix premiers kilomètres sont passés ; les jambes tiennent, le souffle aussi, c'est le moment le plus agréable de la course : celui où, dans sa tête, on se sent capable de tout, où l'on réalise qu'elle ne demande rien d'autre que la motivation de celui qui la pratique. Elle apparaît comme un processus intérieur qui ne peut véritablement s'affranchir de toute contrainte qu'en s'inscrivant dans un lieu indéfini, sur un parcours non limité : un environnement qui ne soit borné que par la fatigue des muscles et la faiblesse de l'âme. En d'autres termes, pour moi, la course prend tout son sens quand elle est débarrassée des techniques de chronométrages, de calculs de calories gagnées ou perdues, de distances spécifiques.

Pour avoir pratiqué ou tenté de pratiquer d'autres sports, comme beaucoup de mes camarades de trotte, j'ai aussi privilégié la course à cause des limites physiques, financières ou géographiques imposées par les disciplines voisines. Par exemple, le tennis est un sport pour lequel il faut avoir une licence, une certaine dextérité technique, un peu de matériel. Il faut réserver un terrain, ou être aux entraînements à des heures précises. C'est la même chose pour les sports d'équipe. Même la randonnée nécessite un bon équipement, un tracé préalablement établi, de quoi boire et manger. La natation se rapproche de la course dans le sens où elle coûte peu cher, mais tout de même, il faut bien de l'eau ! Sans hiérarchiser les pratiques, à l'exception du simple gainage, ou fitness, activité physique qui peut se pratiquer partout et quasiment sans matériel, la course à pied apparaît comme la pratique sportive la plus simple, la plus naturelle.

Nous savons tous courir. Ce qui ne signifie pas que nous aimons tous courir, mais le geste en lui-même est présent en chacun de nous. Ce qu'il faut apprendre, ce n'est pas à courir, mais à respirer. Ce ne sont pas nos jambes qui ne savent plus avancer, mais nos poumons qui n'ont pas l'habitude de cet effort. Dans la course, le plus grand adversaire n'est autre que soi-même. Dans ses *Notes et maximes sur le Sport*, l'écrivain Jean Giraudoux affirmait :

> Ce n'est pas les uns après les autres que courent les coureurs à pied. La preuve c'est que jamais il ne leur vient à l'idée de toucher ceux qu'ils rattrapent.

La course à pied serait-elle donc l'incarnation ultime du sport sincère, honnête, qui ne demande rien et n'a besoin de rien sinon de souffle et de chair pour exister, dans la mesure où n'importe qui, à n'importe quel âge et n'importe où, ou presque, peut courir – parfois même pieds nus – sans prendre de cours particulier ni participer à des compétitions ? Dans son roman *La Solitude du coureur de fond*, Alan Sillitoe rappelle cette expression brute et sans concession d'une pratique dénuée de tout artifice extérieur :

> [...] et j'ai su alors ce qu'était la solitude du coureur de fond, comprenant que pour moi, cette sensation représentait la seule honnêteté et la seule réalité existant au monde et je savais qu'il en serait toujours ainsi malgré ce que je pouvais ressentir et malgré ce que quiconque essayait de me dire. [...] C'était difficile à comprendre, et tout ce que je savais, c'est que tu devais courir, courir, courir, courir, sans savoir pourquoi tu courais, et pourtant tu continuais à foncer à travers des champs que tu ne comprenais pas, dans des bois qui te faisaient peur, à grimper sur des collines sans savoir que

tu les avais franchies et à traverser à toute allure des cours d'eau qui t'auraient glacé le cœur si tu étais tombé dedans.

Il n'y a pas d'explication, pas de raison logique, à l'attrait qu'on porte à cette pratique. L'exemple ultime de la-course-pour-rien-qui-fait-du-bien se trouve évidemment dans le film *Forrest Gump*, réalisé par Robert Zemeckis en 1994, dont le fameux « Cours, Forrest ! » est devenu un leitmotiv qu'on retrouve au bord des pistes et des parcours balisés. Le personnage qui se met à courir sans raison, suivi par des dizaines, puis des centaines de gens, croyant voir en lui un gourou sympathique en marge de la société, résume, en quelques (fameuses) minutes, ce qu'est devenu le monde de la course à pied : quelques ahuris qui la pratiquent pour « rien » si ce n'est le plaisir qu'elle procure, et une grande majorité d'autres qui y cherchent une raison, un symbole, une cause à défendre. Courir pour combattre la maladie, par exemple : toutes les villes de France ont leur évènement annuel, souvent féminin, pour aider la recherche contre le cancer du sein. Lors du Téléthon, de nombreux trails, en équipes, sont organisés pour récolter des fonds. La course à pied, en ce sens, est-elle devenue un prétexte pour une cause plus grande qu'elle-même ?

CHAPITRE 4

À mi-chemin du parcours (le début de la fin)

Je vois la vie comme une grande course de relais où chacun de nous avant de tomber doit porter plus loin le défi d'être un homme.
Romain Gary, *La Promesse de l'aube*

On approche, on y est presque, le moment de la course où ça commence à « tirer ». Ce n'est pas que l'on se sente malade, fatigué, ou démoralisé, non, c'est juste une petite musique qui joue malheureusement de plus en plus fort, et qui irrigue les muscles. On arrive à ce moment du marathon où les vingt premiers kilomètres sont passés, plutôt tranquillement, et où tout se déroule comme prévu : les jambes sont un peu lourdes mais ça va, franchement, ça va. Pourtant la petite musique est là, avec sa question empoisonnée : « Est-ce que je vais pouvoir courir encore vingt et un kilomètres ? Il faut que je tienne sur la distance que je viens d'accomplir, est-ce que je vais y arriver ? » C'est sans doute à cet instant précis qu'on se sent le plus « couillon ». Parce qu'on vient d'infliger vingt bornes à notre organisme, c'est déjà quelque chose, et qu'on lui redemande, là, maintenant, de faire la même chose, alors même qu'il commence à tirer la langue.

C'est le moment de la course où les visages changent de couleur et d'expressions : on grimace, on s'arrose avec la fin de la petite bouteille d'eau qu'on nous a tendue au ravitaillement, on essaye de trouver des phrases motivantes pour continuer, mais ça y est, la petite musique n'est plus si petite. Tout d'un coup on se sent moins capable, on se sent même tout petit, faible. La fatigue est multipliée par l'idée qu'on n'arrivera sans doute pas à aller jusqu'au bout. Et encore, ce n'est que le début : dans dix kilomètres à peu près, il faudra passer le fameux mur. Le mur du marathon. Sauf que contrairement à celui de *Game of Thrones*, il n'existe pas ailleurs que dans notre tête. Les marcheurs blancs, eux, sont les coureurs qui nous dépassent sans broncher, ceux dont on se dit: «Mais comment font-ils, ces zombies, pour ne pas être fatigués?» Révélation: ils sont fatigués, et ils se disent la même chose que ceux qui les dépassent. La fatigue qui apparaît à ce moment-là, la petite fatigue, qui n'a rien à voir avec le «mur» du prochain chapitre, des prochains dix kilomètres, est à la fois un signal d'alarme – ce moment où, dans sa tête, chaque coureur se demande s'il va avoir des ampoules, s'il lui reste de l'eau dans sa bouteille, si la banane qu'il a avalée au ravitaillement va passer ou pas –, et un objet de motivation improbable. Car c'est précisément pour cette fatigue que le coureur court.

Le coureur est un masochiste, un vrai. Un masochiste sponsorisé, souriant, un type qui s'explose les articulations, les tendons, en ayant envie, et besoin, de le faire. Qui n'a jamais entendu ses proches, ses collègues, dire: «Mais enfin, pourquoi vous vous faites du mal comme ça?» en levant les yeux au ciel. Ce n'est pas un secret ; nous aimons que la course se fasse sentir dans le corps comme un grondement dans un torrent d'apparence calme. Il faut aimer souffrir pour aimer courir. Dans le film *Une équipe hors du commun* de Penny Marshall, sorti en 1992, qui raconte le quotidien d'une équipe de baseball féminine après que les joueurs sont partis au front pour la Seconde Guerre mondiale, le coach, incarné par Tom Hanks (quand on prononce le mot « course à pied » le visage de l'acteur américain se pointe instantanément dans votre imaginaire), explique à ses joueuses novices :

> C'est censé être difficile. Si ce n'était pas difficile, tout le monde le ferait. La difficulté… c'est ce qui le [l'entraînement] rend très bien !

Plus c'est difficile pour le corps et pour la tête, plus les coureurs apprécient. La plupart des coachs sportifs vous affirmeront que « la douleur est temporaire, et l'abandon définitif ». Une autre manière de dire que si tu t'arrêtes, c'est que t'es vraiment une mauviette et que t'as rien dans le crâne. Passons sur le côté légèrement culpabilisant de ce genre de slogan – le fameux, « *No Pain, No Gain* » qu'on peut traduire par « On n'a rien sans peine » – pour se concentrer sur ce moment de la course où, précisément, c'est ce qu'il y a « dans le crâne » qui fait la différence.

Tout se passe là-haut, car en vérité, si vos jambes ont tenu sur vingt kilomètres sans souffrir, elles suivront. Depuis l'époque antique, corps et pensée vont de pairs. Le très fameux *mens sana in corpore sano* (« un esprit sain dans un corps sain ») incarne à lui seul la nécessité, dans cette société portée par la pensée en mouvement et inversement, de muscler à la fois le corps et l'esprit. Platon propose, dans *La République*, une discipline physique avec pour objectif « d'éveiller l'ardeur morale de sa nature, plutôt que la force physique ». Pour lui, un athlète complet doit suivre l'enseignement sportif au même titre que celui de la musique ou de la poésie, et ainsi, ne pas s'astreindre « aux régimes et aux exercices à seule fin d'y gagner une vigueur physique ». Un corps glorieux n'est pas un corps plus fort, plus beau que celui des autres, mais un corps entraîné avec intelligence, éprouvé avec rigueur mais sans abus : « un véhicule de l'esprit ».

Ce corps glorieux, puisant sa grandeur dans le mouvement comme dans l'intelligence qui anime ce mouvement, peut être mis en corrélation avec la parole de Saint Paul, qui, au Ier siècle, reconnaît au Christ un corps de gloire, celui de la résurrection, de l'autre vie. Ce qui nous intéresse ici, c'est la possibilité d'un lien entre ce corps promis et la nécessité d'une forme de course à pied. Dans l'ouvrage *Activité physique et exercices spirituels*, le philosophe Denis Moreau, qui œuvre pour une compréhension moderne des formes du christianisme, propose la théorie suivante :

> Dans ces moments d'exception que procure l'effort d'endurance, un chrétien trouvera donc comme une jouissance anticipée du corps de gloire que sa foi lui promet pour l'autre vie. Et plus prosaïquement, il est envisageable qu'une pratique effective de la course d'endurance ait

fourni à Paul son concept de corps glorieux et certains des éléments qui le constituent.

De la même manière, au XVIe siècle, Montaigne indique dans ses *Essais* : « Mes pensées dorment si je les assois, mon esprit ne va si les jambes ne l'agitent. » Plus tard, *Les Rêveries du promeneur solitaire* de Rousseau feront de cette pratique physique et psychique une forme d'écriture et de pensée nouvelle. Les exemples foisonnent à propos de ces activités conjointes : on peut citer quantité d'auteurs, d'artistes, qui ont incorporé dans leur activité (à moins que ce ne soit l'inverse) de longs moments de course. Le plus célèbre d'entre eux, Haruki Murakami, a même écrit un livre sur le sujet : *Autoportrait de l'auteur en coureur de fond*, où il explique la naissance de son amour pour la course, le nombre de marathons courus (un peu plus d'une quarantaine à ce jour) et le fait de ne pouvoir écrire s'il ne peut courir.

La fierté qu'éprouve le coureur de fond d'être allé au bout de sa course reste pour lui le critère fondamental. On peut dire la même chose à propos de ma profession. Dans le travail du romancier, pour autant que je le sache, la victoire ou la défaite n'ont pas de sens. Peut-être le nombre d'exemplaires vendus, les prix littéraires, les critiques élogieuses sont-ils des critères apparents qui fixent la réussite, mais rien de tout cela ne compte véritablement. L'essentiel est de savoir si vos écrits ont atteint le niveau que vous vous êtes assigné.

Cette fierté, les auteurs ne sont pas seuls à la désirer, à la ressentir, et c'est sans doute cela qui fait qu'on ne s'arrête pas quand la douleur vient gratter à la porte pendant une course, quelle que soit la distance choisie. Elle anime toute personne qui décide, pour des raisons parfois inexplicables, parfois même sans aucune raison, de délaisser la marche pour la course. On injecte, dans le mouvement, la douleur, la sueur, ce que notre petit monde personnel et le grand monde public contient d'images paradoxales.

Au cinéma, la course à pied est toujours le prétexte d'une volonté autre que le geste seul : dans le film *Marathon Man*, réalisé par John Schlesinger en 1976, le héros, joué par Dustin Hoffman, court le marathon pour échapper aux ennemis de ses frères comme pour découvrir qui il est vraiment, à travers sa fuite. De la même manière, en 1981, dans *Les Chariots de feu* de Hugh Hudson – sans doute le meilleur film sur la course à pied –, les élèves du pensionnat qui s'affrontent sur la distance sont mis en concurrence et trouvent, dans cette discipline, un moyen de dépasser les différences sociales, religieuses et morales qui les séparent. Le film *Ralph*, réalisé par Michael McGowan en 2004, raconte l'entraînement d'un adolescent qui décide de prendre le départ du marathon de Boston, de le gagner, et d'accomplir ainsi « un miracle » pour guérir sa mère hospitalisée. Les deux dernières fictions en date sur la course, *1:54*, réalisé par Yan England en 2016, et *Sur la ligne* d'Andrea Sedláčková, sorti en 2014, expliquent respectivement comment, à travers le sprint, un élève d'un lycée canadien apprend à accepter son homosexualité tout en donnant une leçon aux élèves « virils » qui le moquent, et comment, dans les années 1980, une jeune athlète polonaise devient le cobaye d'entraîneurs et de médecins prêts à tout pour voir le pays gagner, quitte à transformer son corps et sa vie.

La liste des bons films sur la course n'en finit pas d'utiliser la discipline comme un miroir grossissant des questions qui agitent l'univers dans lequel elle s'enracine : la course n'est jamais filmée, mise en scène, appréciée ou détestée pour elle-même, mais pour les passions, les échecs et les troubles qui l'habitent.

En d'autres termes, au cinéma, en littérature comme dans le quotidien, qui court réellement pour le plaisir de courir ?

Deuxième ravitaillement

Mi-parcours.

Changement d'ambiance.

Quatrième rangée de tables : là, ils sont nombreux à s'arrêter, et plus longtemps qu'aux ravitaillements précédents. Ceux qui arrivent poussent un peu pour se faire une place ; les gobelets sont vidés rapidement et jetés par terre ou dans de larges poubelles installées sur le bas-côté. À ce moment-là de la course, pour ceux qui ne transportent pas d'eau ni de nourriture sur eux, la vue des tables est un mirage bienvenu. On boit, beaucoup. On mange aussi, mais l'absorption de nourriture, alors que la fatigue commence à ralentir la machine, est comme la douleur, un élément paradoxal : nécessaire mais ambigu. On boit et on mange, souvent en trop grosses quantités, et surtout, trop vite, puisqu'on ne veut pas perdre trop de temps. Lorsqu'on repart, la digestion peut être difficile, on se sent lourd.

Parfois, ça ne passe pas.

D'autres choisissent, quelle que soit la température extérieure, de boire la moitié d'un gobelet et de se verser le reste sur le visage pour se rafraîchir. À mi-parcours, aux tables de ravitaillement, selon la manière dont les coureurs qui s'y sont arrêtés s'alimentent, on devine la façon dont se terminera la course pour eux.

Certains se jettent sur leur gobelet comme s'ils n'avaient pas bu une goutte d'eau depuis des jours. Visage rouge, traits tendus, les membres tremblent un peu. Ils sont partis trop vite, ne se sont pas arrêtés au premier ravitaillement, n'ont pas été bien préparés, bref, les raisons sont légion, mais pour ceux-là, la suite ne sera pas simple. D'ailleurs, ce sont les mêmes qui ont tendance à repartir un peu trop rapidement, au lieu de se reposer quelques secondes, de courir sur place, ou de marcher. Quelque chose d'autre se joue à l'intérieur d'eux mêmes : pour ceux-là, ce moment n'est pas « une pause » dans la course, mais simplement une étape.

Il y a aussi ceux qui arrivent en trottinant : les muscles commencent à tirer mais ils ont encore de la réserve et décident de prendre le temps qu'il faut pour se « refaire ». Ils n'engloutissent pas ; ils mâchent, et généralement ils ne s'arrêtent pas tout à fait. Soit ils continuent d'avancer en « joggant » très doucement, soit ils marchent vite, faisant le nécessaire pour que l'estomac accepte ce qu'ils lui proposent. Ceux-là ont divisé leur course, ils ont travaillé le parcours, ils connaissent leurs corps. Ils iront au bout, non sans peine, mais ça ira.

Et puis il y a la dernière catégorie : ceux qui attrapent un gobelet à la volée sans ralentir, le vident, le jettent et disparaissent un peu plus loin. Ils ne perdent pas de temps. Les secondes sont précieuses. Ils ont un chrono en tête et il n'est pas question que le temps aille plus vite qu'eux. Ce sont des « flèches » : ils se faufilent entre les participants, rapidement, lestement. Coureurs agiles.

Et pendant que ce mélange de débutants et de compétiteurs chevronnés se pressent autour des bénévoles affairés au-dessus de leurs tréteaux, les autres, ceux qui ont pensé à tout, se sont déportés sur la gauche pour éviter l'embouteillage de coureurs assoiffés, et sirotent leur boisson, aspirent leur gel en berlingot avec application, comme des enfants dans une cour d'école à l'heure du goûter.

CHAPITRE 5

Courir pour franchir des palissades (pour une théorie des trois corps du coureur)

L'athlète représente l'homme aux frontières de ses possibilités, dans un domaine que peu de gens entrevoient et que moins encore ont pénétré. C'est parce que nous en avons conscience que nous nous identifions avec l'athlète, parce que nous sentons intuitivement qu'il fait partie des privilégiés près d'accéder à leur véritable potentiel, alors que la plupart d'entre nous passent leur vie inconscients de l'existence même d'un tel potentiel.
Tom McNab, *La Grande Course de Flanagan*

On appelle ce moment : « le mur ».

Aussi simple à expliquer que difficile à imaginer quand on n'a jamais couru de marathon, c'est une sensation d'impossibilité, de manque douloureux, comme si les muscles avaient été vidés de leurs forces et qu'il n'en restait plus que l'enveloppe.

On ne parle jamais du « mur » sur d'autres distances. Tout au plus de « défaillances », en cas de départ trop rapide par exemple, ou de climat difficile, mais sur un 10 kilomètres, un semi-marathon, pas la moindre mention. Ce sentiment d'affaissement soudain, spécifique du marathon, est un mythe aussi effrayant qu'attendu. Parce que c'est devant cette énorme montagne de fatigue, de sueur et de peurs intérieures que se révèle le véritable caractère de celui qui va tenter, ou pas, de le franchir. C'est à se demander d'ailleurs si l'on ne se met pas à courir le marathon uniquement pour affronter cette épreuve, si l'on ne prend pas le départ d'une course aussi longue pour découvrir, avec le mur, les limites du corps et, surtout, de l'âme.

Pour ceux qui auraient encore du mal à comprendre en quoi consiste cette étape aussi douloureuse que nécessaire, on peut faire un parallèle avec la littérature populaire : si vous avez lu *Harry Potter*, vous avez forcément frissonné à partir du tome 3, quand apparaissent les Détraqueurs, ces gardes de la prison d'Azkaban, infâmes, fantomatiques, qui aspirent l'âme et les forces de ceux qu'ils choisissent d'affaiblir. Eh bien, au marathon, le mur, c'est un Détraqueur invisible mais gigantesque, présent à la fois dans les jambes et dans la tête de celui qui doit lui faire face. Le coureur qui passe ce mur finira forcément le marathon. Les plus entraînés parviennent encore à maintenir leur foulée. D'autres choisissent de marcher quelques minutes pour reprendre leur cadence. Certains s'arrêtent complètement, comme terrassés sur place. On peut déclarer forfait et sortir du parcours, ou bien continuer en marchant et passer la ligne d'arrivée avec une ou deux heures de retard sur les autres concurrents.

Mais la plupart souffrent. Pour ceux qui restent sur les bords à regarder les coureurs, il est facile de reconnaître les concurrents qui sont en train de «passer» ce fameux mur: le corps est parfois drôlement redressé, les mains massent les cuisses, boxent un adversaire invisible, poings fermés, yeux mi-clos. La foulée est plus lente;

chaque jambe semble peser le triple de son poids, comme si un maton malicieux avait fixé aux pieds un boulet au pire moment de la course. C'est cela, le mur : la sensation que le monde entier s'abat sur soi.

Que se passe-t-il quand on a la sensation de ne plus pouvoir faire un pas mais que le corps continue tout de même à courir ? Ce n'est pas qu'une question de nutrition avant et pendant la compétition, car certains concurrents reconnaissent, malgré la rigueur de leur entraînement et de leur régime, que ce moment existe. Pour les novices, les débutants, il est présent en pensées pendant les jours, les semaines qui précèdent le premier marathon. On se demande si cela sera aussi terrible que ce que les habitués racontent. On s'imagine une sorte d'éclair de douleur qui s'abat sur soi. Lorsque les coureurs, aguerris ou non, abordent le sujet, ils ont toujours quelques secondes d'hésitation avant de pouvoir décrire cet instant, comme s'ils tentaient de revivre, dans leur mémoire, dans leur corps, ce qui a précisément eu lieu. Quand je lis, quand j'écoute ce qu'en disent les connaisseurs, j'ai la sensation que ce mur est, en plus d'une sensation physique incontestablement liée à la douleur – une sorte d'alarme où le corps indique « batterie faible » –, une puissante construction mentale qui se renforce tout au long de l'épreuve. Celle-ci s'apparente alors davantage à de l'escalade qu'à une course. Dans tous les cas, il s'agit, plus encore que la distance, du vrai défi du marathon.

Il faut bien comprendre que ce passage délicat survient généralement autour du trentième kilomètre, dans le dernier quart de la course, quand l'organisme a épuisé ses stocks de glycogène, c'est-à-dire les glucides stockés dans le foie et les muscles qui forment le « carburant » du corps. L'organisme donne tout : il lui faut désormais chercher de l'essence ailleurs que dans les muscles. Ça tire vraiment cette fois, on ne peut plus faire semblant d'ignorer la douleur. On ne peut plus « penser à autre chose » parce que le coureur, après trente kilomètres, emporté par les foulées des autres (petit conseil aux débutants : lors des courses officielles, on est facilement entraîné par l'effet de groupe, et l'on se met à avancer plus vite que d'habitude, sans s'en apercevoir, et à se fatiguer plus vite aussi), a perdu beaucoup d'eau, beaucoup d'énergie, beaucoup de nutriments. Les muscles, qu'on a pourtant mis un temps fou à construire, à dorloter, à entraîner, commencent sérieusement à s'alourdir, à s'étendre, comme s'ils cherchaient à sortir de leur enveloppe. C'est dans ces moments, où la difficulté atteint un seuil à partir duquel la pensée doit nécessairement prendre le pas sur l'endurance pure, que se pose véritablement la question de la relation entre le sportif et son propre corps. Pourquoi lui infliger une telle souffrance ?

On connaît tous quelqu'un qui s'est mis à courir pour « rester en forme ». En revanche, personne ne court quarante-deux kilomètres et des poussières, personne ne se défonce les genoux, personne ne transpire plusieurs litres d'eau habillé comme une guirlande de Noël, personne ne paye aussi cher quatre heures de douleurs pour « rester en forme ». À ce stade-là, il n'est plus question de santé, de morphologie, de minceur ou de développement personnel. Non, il faut creuser ailleurs pour comprendre, ou en tout cas, essayer.

Les réserves sont à plat. Certains coureurs, plus aguerris, savent comment gérer ce moment. Ils savent quoi manger avant et pendant la course pour surmonter ce passage, sinon pour le gérer aisément. Tous les régimes existent : la méthode dissociée scandinave, qui consiste à diviser, les jours précédant la course, la nourriture en protéines, féculents et sucres ; les régimes végétarien et vegan, qu'on voit apparaître régulièrement dans les pages « sports et nutrition » des magazines spécialisés. Certains multiplient leurs rations de nourriture et mangent en quantité raisonnable plusieurs fois par jour ; d'autres optent pour des périodes de jeûne pour purifier, renforcer leur organisme, ou absorbent compléments alimentaires, vitamines, protéines, boissons de récupération. Pendant la course, certains ont sur eux des fruits secs, des gels « coup de fouet », c'est-à-dire du sucre sous forme de pâte presque liquide qui s'avale rapidement, ou des boissons concoctées par leurs soins. Certains, plus extrêmes, s'amusent même à mettre de la bière dans leur camel bag. Toutes ces ruses visent à être au meilleur de sa forme pour terminer la course. En vérité, elles ne font que « repousser » le mur. Comme s'il était simple de prévoir cette épreuve dans l'épreuve. Pourtant, rien ni personne ne peut l'éviter. Il suffit de se poster en bordure de route pour voir la transformation progressive des visages, des postures, des comportements. Certains définissent le mur comme ce moment où le corps semble être fait de bois, tendu, lourd, comme si le coureur n'était plus qu'une marionnette.

Il existe, en course, dans les termes utilisés par ceux qui font l'expérience de l'endurance, une certaine poésie de la douleur. Sorties du vocabulaire purement médical, les manières de décrire, d'aborder et d'appréhender la sensation de fatigue extrême échappent à toute conception purement physique, athlétique, professionnelle. C'est le moment où l'athlète, quel que soit son niveau, fait l'expérience éprouvante de son propre corps et de ses limites, que seule la pensée peut repousser, et parfois surpasser.

Le bois, la pierre, la brique, le poids.

Dans la douleur, tout est question de lourdeur subite ou progressive. Comme si le corps se remplissait peu à peu d'une substance, comme si chaque pas de plus, chaque foulée, dans un même mouvement, expulsait sueur, souffle, graisse, calorie, salive, et pourtant amenait avec elle un grain de sable, multiplié par des milliers d'autres pas. On se décharge du poids du quotidien, des règles à suivre, de toutes les protections inutiles, de toutes les excroissances du mode de vie moderne.

En même temps, on se remplit d'un magma, invisible, comme si un deuxième corps fleurissait à l'intérieur du premier. Cette douleur est à la fois l'ombre qui plane sur l'athlète et ce qui le pousse à avancer. Car il faut la faire taire, la terrasser, pour se prouver à soi-même qu'on peut être plus fort qu'elle. Courir sur de longues distances sans que ce soit une question de survie n'est pas naturel. Pire encore, les moyens de déplacements contemporains poussent les hommes à marcher moins, à s'encombrer davantage tout en allant plus vite. Tout est fait pour favoriser le mouvement, mais pas sur nos jambes. En cela, choisir volontairement de s'exercer sur de telles distances n'est pas une expérience anodine.

Un coureur cherche, avant toute chose, à explorer sa douleur. Volontairement infligée, elle n'est plus cette sensation affreuse que l'on subit par surprise. Courir apparaît comme une maladie dans laquelle on cherche à atteindre un haut niveau de souffrance musculaire, dans une expérience personnelle. Quand le corps ne répond plus, il n'est pas question d'équipe, de *team*, d'ensemble, mais bien de soi, de ses faiblesses, de ses capacités, de son rapport au monde extérieur, à son entourage direct. Le coureur cherche à surpasser son propre corps, tout comme le philosophe cherche à surpasser des idées préconçues.

La course est une expérience longue de joie et de douleur. De joie dans la douleur faudrait-il même écrire, pour être exacte. Cette douleur est nécessaire, motrice ; elle est le lieu où s'incarne l'individu dans le sens où la course se joue dans le comportement de cet individu face à la douleur.

Pour mieux comprendre, partons d'abord de la différence entre les deux termes « douleur » et

« souffrance ». Une formule extrêmement célèbre dans le milieu sportif dit : « La douleur est universelle, la souffrance est une option. » Cette phrase d'Haruki Murakami est issue de son ouvrage déjà cité, devenu une bible pour tout coureur : *Autoportrait de l'auteur en coureur de fond.* Cette douleur, physique, et uniquement physique, est ressentie par tous les coureurs, que ce soit un débutant sur deux kilomètres, ou un habitué des ultra et des courses longues. Le corps en mouvement ne peut y échapper, même pour celui qui ne pratique pas de sport. Nous avons mal quand nous marchons sur un lego, quand nous portons des cartons trop lourds, quand nous nous cognons contre une poutre ou un lampadaire. La douleur est une expérience sensible incontournable. En course à pied, elle devient, au fil du temps, le petit diable sur l'épaule du coureur, son meilleur ennemi, celui sans qui il n'y aurait pas d'excitation à prendre le départ, ni de soulagement, ni de joie à passer la ligne d'arrivée. La douleur est une donnée essentielle de la course. En revanche, la souffrance, qu'on peut décrire comme un état général de mal-être intérieur, insupportable, signifiant et présent, n'est pas seulement une question physique. Il s'agit d'une expérience affreuse qui va au-delà d'une simple blessure. La souffrance est ce moment où l'on a la sensation que nous sommes incapables, vaincus. En course à pied, et surtout dans ce passage du mur du marathon, ou bien sur toutes distances quand le corps semble ne plus avoir de réserves, le caractère de celui qui court se révèle dans sa capacité à ne pas transformer sa douleur en souffrance. Dans son livre *Courir ou mourir*, au titre évocateur, le champion du monde d'ultra trail – course longue en altitude – Killian Jornet écrit :

> Il faut savoir faire la différence entre le moment où le corps est endolori par l'effort et celui où il demande que tu t'arrêtes pour ne pas aggraver le mal. Le problème, c'est qu'à ce moment-là, la douleur a déjà gagné et pour l'éviter, les pensées nous suivent dans une autre sphère, en un lieu où les couleurs n'existent pas, il n'y a que le blanc et le noir. La vie ou la mort.

C'est cette « autre sphère » qui désigne, je crois, cet espace indescriptible, et difficile à comprendre pour ceux qui ne courent pas. Où va le coureur quand il ne peut plus courir, quand il pense ne plus pouvoir courir ?

Le dépassement de soi n'est pas une question de chrono, de distance, ou même de vitesse, mais plutôt de force mentale. Quand la douleur a envahi tout le corps, pouvons-nous continuer ?

Il faut alors faire appel à d'autres réserves, et c'est là qu'intervient le troisième corps du coureur. Après le sien, après celui de la douleur, c'est celui de son imagination. Le moment où, pour repousser l'état de souffrance, d'abandon physique et moral, de relâchement total, la pensée vient, tel un bélier à l'arrière du corps au ralenti, pousser le participant en avant.

À quoi pensent les coureurs quand ils sont proches de cet état de souffrance ? Quel est leur bélier ?

CHAPITRE 6

Les derniers kilomètres (quand la pensée pousse le coureur)

Il faut être un combattant, fort dans sa tête. Après le 30e kilomètre, la course devient souvent un affrontement contre soi-même.
Samir Baala, double champion de France de marathon, interview pour le blog Course à pied.

Il y a des dizaines de raison de sortir de chez soi le dimanche matin, tout enduit de bonnes intentions et de vêtements perfectionnés pour injecter dans ses jambes cinq, dix ou quinze kilomètres de route ou de chemin. Des dizaines, des centaines de raisons. En revanche, quand il s'agit d'aller là où ça fait mal, très mal, là où l'on n'a pas idée, d'ordinaire, de s'aventurer, impossible de dresser une liste aussi triviale, drôle et facile que celle établie au début de ce livre. Certains coureurs, de plus en plus d'ailleurs, se lancent sur des distances incroyables : une fois passée la mesure bien connue du marathon, les 60, 80, 100 kilomètres et plus encore attirent celles et ceux qui éprouvent leur environnement, connu ou inconnu, à travers un acte inutile, épuisant, et artistique.

Les ultimes kilomètres du marathon, notamment les six derniers, posent au coureur, et à ses muscles lourds, la grande question : mais pourquoi courir pour avoir si mal ? Dans son livre, devenu culte, *Born to Run*, l'Américain Christopher McDougall énonce l'idée, aussi présente chez Murakami, et bien d'autres, que « la douleur apprend à courir confortablement ». Je vois ceux qui lisent ce livre par curiosité et qui n'aiment pas enfiler des baskets pour une autre raison que de sortir acheter un pain au chocolat lever un sourcil, peut-être même soupirer, surpris et légèrement agacés en même temps. Pour les vrais coureurs, le petit sourire est là, j'en suis certaine. Parce qu'en mouvement, l'apparition de la douleur dit deux choses : les muscles fonctionnent, et il va falloir ruser, contourner, trouver des feintes.

En ce sens, la course possède quelques points communs avec le cyclisme. L'ancien champion Jacques Anquetil a dit, lors d'une interview au journal *L'Équipe*, qu'il faisait « des réserves de douleur » pendant la course, et que ces réserves lui permettaient, au moment le plus difficile, de décupler sa force.

Dans un documentaire tourné après le championnat du monde d'athlétisme organisé à Pékin en 2015, le sprinter Usain Bolt expliquait qu'il y avait une telle douleur dans l'entraînement que lorsqu'il se rendait en compétition officielle, le défi paraissait presque plus simple. La course en public pour le titre, la médaille, serait en quelque sorte la fin facile d'un processus qui l'est beaucoup moins.

Quelle que soit la pratique, l'apparition et la gestion de la douleur dépendent, en grande partie, de l'usage que le sportif en fait, surtout si celui-ci ne la considère plus comme une menace mais comme un outil. Pour le dire autrement, elle ne doit plus être un obstacle, mais tout simplement faire partie du paysage.

En course, la douleur est un coach impitoyable, un entraîneur invincible et invisible qui vous apprend à éviter les coups, à contrer la souffrance, à continuer. Sans douleur, le coureur est idiot. Apaisé, certes, mais idiot. La douleur apprend l'intelligence, la gestion du temps, de l'effort, l'attention aux muscles, la recherche permanente de moyens intérieurs pour avancer quoi qu'il arrive. Il n'existe pas, en course à pied, de professeur plus sévère, plus loyal et plus fidèle que la douleur puisqu'elle vient de nous-même, et qu'elle sait s'annoncer et se retirer une fois la course terminée (généralement plusieurs jours après). C'est grâce à elle que le coureur pense devenir « meilleur ». Meilleur en quoi ? Physiquement ? Moralement ? Par rapport aux autres ? Par rapport à soi-même, à son chrono, à ses attentes ? La réponse n'appartient qu'à celui qui se pose la question. Néanmoins, ce passage d'un état « normal », l'état dans lequel on est parti, pour un état « second », tient justement à cet affrontement intérieur avec la douleur. Pour Nietzsche, ainsi qu'il l'écrit dans *La Volonté de puissance*, la douleur est « le sentiment d'un obstacle, mais, comme la puissance ne prend conscience d'elle-même que par l'obstacle, la douleur est partie intégrante de toute activité ». D'ailleurs, très souvent, un coureur qui passe la ligne d'arrivée sans mal dans les jambes ou les poumons et sans souffle court est presque déçu d'avoir encore de l'énergie, de ne pas avoir exercé son physique et son mental à la douleur, la vraie, celle qui ne vient pas de l'extérieur. Un coureur qui n'a pas, pendant sa course, dû affronter sa douleur et la gérer pour qu'elle ne se transforme pas en souffrance est un coureur incomplet. En réalité, c'est un espace nouveau que l'athlète, amateur ou professionnel, tente de conquérir, un espace où il part à la recherche de ce qui peut faire de lui un être « complet ». Dans *Courir ou mourir*, Kilian Jornet se demande ainsi :

> Au fond, ne courons-nous pas pour ça ? Pour savoir que nous sommes capables de vaincre

nos peurs et que le ruban que nous coupons en traversant la ligne d'arrivée n'est pas tenu par des hôtesses mais qu'il se trouve plutôt là où nous le voulons ?

Ce ruban métaphorique représente l'arrivée dans cet espace où le coureur, bien qu'épuisé, pense être lui-même, complet, dépouillé, et vainqueur de sa propre inertie. Néanmoins, passer cette fameuse ligne peut apparaître comme le pire moment de la course : certaines images restent en tête, comme celles de la marathonienne Gabriela Andersen Schiess qui, en 1984 à Los Angeles, termina en marchant, vacillante, son dernier tour de stade. Plus récemment, à Varsovie, Recho Kosgei, athlète kenyane pourtant en tête de peloton, s'effondra à huit cents mètres de l'arrivée, sans terminer la course. D'autres renoncent à courir mais pas à terminer l'épreuve : lors du dernier marathon de Washington, en 2017, Devon Bieling, en proie à des crampes redoutables, est tombée à quelques mètres de l'arrivée et a choisi de passer la ligne en roulant sur elle-même, comme le font les enfants quand ils dévalent, pour rire, la pente d'une colline. Elle a ensuite expliqué, sur son compte Twitter, que « les choses ne se passent pas toujours comme prévu et qu'il faut toujours trouver un moyen pour aller de l'avant ».

Enfin, certains ont parfois la chance de pouvoir compter sur leurs concurrents. Au marathon de Londres en 2017, Matthew Rees, cessa, lui, sa course à quelques mètres de la ligne, pour aider un autre participant, David Wyeth, qui tenait à peine sur ses jambes, et le porter jusqu'à la fin. Dans une interview accordée au site *Slate*, Bernard Faure, ancien champion de France, explique que pour lui, il existe deux types de coureur :

> Il y a des gens qui sont nés comme ça, pour s'« arracher » la gueule, pour finir au sprint et violenter leur corps. Et il y a une autre catégorie capable de davantage composer [...].

Un peu plus loin, il compare le corps au « meilleur cheval » du participant, expliquant qu'il faut parfois « sortir en douceur » cet animal, et d'autres fois « le cravacher un peu ».

Tout plutôt que d'arrêter. Ainsi, la dernière ligne est le moment où certains ont gardé quelques forces en réserve, quand d'autres vont au-delà de ce qu'ils peuvent, et passent, intérieurement, les limites fixées par leur propre corps, les repoussant, pour ne pas s'en trouver prisonniers.

Dernier ravitaillement

Indéniablement celui qui fait le plus plaisir : le ravitaillement de fin, derrière la ligne d'arrivée. Même les « bornards », avec leur ceinture à provisions et leur camel bag, ne rechignent pas à s'y arrêter.

C'est le moment où l'on n'est plus obligé de repartir ensuite, où l'on peut boire, de tout, manger, de tout aussi, s'asperger d'eau, souffler, se moucher, transpirer, se masser les jambes, s'asseoir et se remplir. Au dernier ravitaillement, récompense ultime pour tous ceux qui terminent la course plus ou moins en bon état, les manières sont les mêmes pour tous : on prend son temps, qui, tout à coup, n'est plus compté, mais est devenu notre allié, extensible, tranquille. Le temps apparaît comme la caractéristique principale, et presque sacrée, de ce dernier moment : il ne faut plus courir. On est autorisé, par la ligne blanche que l'on vient juste de franchir, à marcher, à attendre, à piétiner un peu.

Le dernier ravitaillement est aussi celui qui sent vraiment mauvais. Les coureurs ont plus de quarante kilomètres dans les jambes ; certains ont transpiré des litres de sueur. Ce qui se passe derrière la ligne, ce sont des milliers de femmes et d'hommes fatigués, généralement heureux de l'être, qui attendent, prennent des photos, se dirigent lentement, avec des jambes bizarrement déformées, parfois trop arquées, parfois trop raides, vers leur voiture ou la station de métro la plus proche. Les plus vaillants rentrent à pied, ou même, en courant. Avec un petit sac plein de choses à manger : voilà une chose invariable selon les courses, les distances et les lieux, on sort toujours d'une course plus chargé qu'on ne l'était au départ, avec des reliques de notre parcours, du moment, la plus symbolique étant la médaille «*finisher*» que l'on vous tend juste après la ligne.

On vous félicite pour la simple raison que vous êtes allés au bout. Et généralement, on ne relègue pas cette médaille dans un tiroir. On la rend visible. Elle dit qu'on a accompli une œuvre dont on est le matériau : on a couru, pour rien de palpable, de matériel, d'identifiable. C'est d'ailleurs la vocation de ce texte : courir est un moment qui n'appartient qu'à celui qui le vit, et cela en fait un espace de liberté où chacun peut sans cesse franchir et rebâtir ses propres limites, ses règles, et ses interdits, un peu plus loin qu'ils ne l'étaient au départ.

CHAPITRE 7
Après la course (être enfin soi-même)

C'est un plaisir d'être un coureur, dans le monde par vous-même, avec aucune âme pour vous rendre de mauvaise humeur ou vous dire quoi faire.
Alan Sillitoe, *La Solitude du coureur de fond*

Se sent-on plus libre, plus complet, plus soi-même une fois passée la ligne d'arrivée ? Le fait d'avoir terminé sa course modifie-t-il le cours d'une existence, d'une semaine, d'une journée, ou d'une heure ?

Il existe une règle simple en course à pied, appelée « Règle de Foster » : pour quarante-deux kilomètres courus, quarante-deux jours de repos. Ça paraît facile, un ordre qui dit qu'il faut se reposer ! Et bien, figurez-vous que la plupart des marathoniens ont un mal fou à l'appliquer. Courir fait mal, mais courir donne des ailes, et même, courir révèle le caractère. Les gens qui courent ne font pas de mal à une mouche, sauf si elle l'a bien cherché.

Pourquoi est-il si difficile de garder le lit, le fauteuil, ou simplement de marcher, pendant le mois et demi qui suit la course ? Pourtant, tous s'accordent à le dire : l'après fait mal. Crampes, courbatures, fatigue diffuse. Et les mots employés pour définir les douleurs du corps sont savoureux, emplis d'une poésie inattendue, brutale : les genoux « sifflent », les pieds « croustillent », les jambes « ne répondent plus ». La tête est ailleurs. Très souvent, une fois passé le ruban d'arrivée, une fois récupérés les goodies – t-shirt, autocollant à l'effigie des sponsors, porte-clés –, les marathoniens ferment les yeux. Oui, ça vous paraît ridicule, peut-être même faux, mais regardez bien cette fameuse ligne : toutes et tous, en la passant, ferment les paupières. Bien sûr, d'autres gestes, différents selon les degrés de fatigue et selon les caractères, interviennent : on se masse les jambes, on secoue les bras comme s'il s'agissait de branches cassées, on souffle comme des bœufs, on crache comme des cafetières ou des vieux tracteurs qui refusent de démarrer, on bave un peu aussi, il faut bien le dire, et qu'est-ce qu'on pue ! Mais les paupières qu'on baisse telles les voiles d'un bateau fier de retrouver son port, ce geste-là, si simple, si discret, si quotidien, ce geste-là existe chez tous les coureurs. Ils rentrent en eux-mêmes ; soudain, c'est toute la course qu'ils ont dans les jambes ainsi que les séances d'entraînement qui l'ont précédée. Ils revivent en quelques secondes ces semaines de préparation nécessaires pour avaler ces quarante-deux kilomètres et tenir debout à la fin. Cette action dérisoire dit tout du coureur et de sa discipline. Les trois corps, celui du départ, celui de la douleur et celui de l'imagination, se rejoignent en une fraction de seconde : soudain, l'homme est lourd, multiplié, il doit traîner ces trois corps jusqu'au dernier ravitaillement, puis retrouver sa famille, ses amis, ses clés de voiture. Chaque geste prend plus de temps, chaque pas est plus lent, chaque sourire est un peu plus forcé qu'en début de course. L'organisme est au ralenti : c'est normal, il en contient trois.

Et pourtant, malgré la douleur, les vomissements – qui peuvent survenir selon ce que le coureur a mangé avant la course, la température extérieure ou la fatigue –, la lenteur nouvelle, le coureur ressent très souvent une forme de bien-être à nulle autre pareille. Le marathon est loin d'être « une promenade de santé ». Pourtant, on l'assimile souvent au « bonheur de l'endurance », dans le sens où plus c'est long, plus c'est bon, pour dire les choses trivialement. En course à pied, la taille compte. Parfois même, les 42,1 kilomètres ne suffisent pas et les plus acharnés deviennent des « bornards », c'est-à-dire des coureurs capables de couvrir des distances de plus de cent kilomètres, pour ne pas rester « que » marathoniens. La course est une addiction, une vraie, beaucoup plus pratique que d'autres dans le sens où elle est légale, peu onéreuse et même recommandée. La course, une fois que la distance est parcourue, ne s'arrête jamais. Le coureur continue dans sa tête, les hormones du plaisir font leur travail et nous voilà, rêveurs épuisés, à s'imaginer sur des pistes interminables, aux sommets de montagnes imaginaires, franchissant des rivières puis des fleuves, comme des faunes, créatures aux pouvoirs incroyables et pourtant humaines, sans rien d'autres que nos deux jambes, nos poumons et un visage tordu par l'effort. La course est une compagne fidèle bien que sévère : elle apprend la patience et la passion. Dans *Born to Run*, le journaliste et écrivain Christopher McDougall tisse ainsi un lien entre courir et aimer, au sens physique comme affectif du terme :

> Il y avait un lien entre le pouvoir d'aimer et l'amour de la course. Le ressort était sans doute le même. Les deux dépendent de la capacité à laisser ses désirs s'exprimer, à mettre ce qu'on veut de côté pour apprécier ce qu'on a, à se montrer patient, indulgent et à se contenter de peu. Sans l'amour, nous n'aurions jamais vu le jour. Sans courir, nous n'aurions jamais

survécu. Peut être n'est-il pas étonnant que progresser dans l'un soit bénéfique pour l'autre.

Patience, indulgence, humilité : des termes qu'on retrouve dans le *Cantique des cantiques* pour définir ce que doit être l'amour, selon la religion chrétienne. D'autres ont aussi dressé des parallèles entre la religion et la souffrance gratuite de la course, car dans les deux cas, il s'agit de se sentir être un homme meilleur. La douleur est liée à la course à pied, quel que soit le niveau du coureur, comme la douleur est liée à l'histoire catholique, qu'on soit croyant ou non. De là à dire que la course est une forme de religion comme une autre… Il s'agit bien, en tout cas, d'être seul face à soi-même, face à ses faiblesses, qu'il faut savoir reconnaître, seul face à sa force, à son caractère, à sa capacité à être rigoureux dans sa discipline. En cela, la course est un sport rigoureusement égocentrique : même au milieu de la foule, le coureur n'affronte, ou n'aide, personne d'autre que lui-même, et c'est sans doute cela la grande force, la grande étrangeté qui amène, chaque année, son lot d'apprentis sportifs sur les pistes et les chemins de France et de Navarre. Cette idée qu'une forme de solitude est bénéfique, recherchée, quand, socialement, ailleurs, la solitude est considérée comme une tare, une maladie. Égocentrique au sens noble du terme. Comme l'écrivait Blaise Pascal dans ses *Pensées* :

> Tout le malheur des hommes vient d'une seule chose, qui est de ne savoir pas demeurer en repos, dans une chambre.

On se plaît alors à imaginer que la distance parcourue devienne cette « chambre » dans laquelle on demeure, tout à fait seul, tout entier tourné vers soi-même, exerçant sa volonté et son corps. En ce sens, on pourrait écrire que tout le bonheur des coureurs vient d'une seule chose : savoir demeurer en mouvement, dans une paire de baskets.

J'en entends déjà certains pointer le fait que courir pour être beau, fin et rapide, est le symptôme d'une maladie sociale narcissique contemporaine. À la fin d'un marathon, soyez-en sûrs, personne n'est beau, rapide, ou fin. Le visage est tiré, le corps boursouflé, le souffle court. Cela n'a rien d'esthétique. La vraie course ne s'embarrasse pas de normes sociales, médiatiques ou politiques ; la vraie course consiste à accepter d'être au plus bas pour être soi-même, et parfois plus encore. Physiquement, à la fin d'un effort d'endurance, nous sommes laids. Selon les critères esthétiques communément admis, nous le sommes même plus que quiconque. Nous avançons comme des pantins désarticulés. Rouges, cassés, bruyants. De vrais épouvantails. Les coureurs, sur la ligne du départ, flanqués d'uniformes étincelants, d'un caractère rigoureux et d'intentions louables, se retrouvent, en fin de course, dépouillés de leur superbe. Ils ne sont plus ni super-héros, ni demi-dieux, ni soldats d'une guerre contre la souffrance. Non, ils sont parfaitement eux-mêmes.

Œuvres citées

Livres

Activités physiques et exercices spirituels, essais de philosophie du sport, D. Moreau, P. Taranto (dir.), Paris, Vrin, 2009.

Carl Cederström, André Spicer, *Le Syndrôme du bien-être*, Paris, L'Échappée, 2016.

Lettres de Cicéron à Atticus (avec des remarques, et le texte latin de l'édition de Graevius), Leroy, 1808 ; numérisé en 2009, Columbia University.

Cécile Coulon, *Le Cœur du pélican*, Paris, Viviane Hamy, 2015.

Guillaume Depping, *Merveilles de la force et de l'adresse*, Paris, Hachette, 1896 ; mise en ligne 2007, BNF.

Romain Gary, *La Promesse de l'aube*, Paris, Gallimard, 1960.

Jean Giraudoux, *Notes et maximes sur le Sport*, Paris, Hachette, 1928.

Homère, *L'Iliade*, Paris, GF Flammarion, 2004.

Aldous Huxley, *Les Portes de la perception*, Paris, La République des Lettres, 2015.

Kilian Jornet, *Courir ou mourir*, Paris, Arthaud, 2015.

Christopher McDougall, *Born to Run*, Chamonix, Guérin, 2012.

Tom McNab, *La Grande Course de Flanagan*, Paris, Autrement, 2012.

Michel de Montaigne, *Essais*, Paris, Pocket, 2009.

Haruki Murakami, *Autoportrait de l'auteur en coureur de fond*, Paris, Belfond, 2009.

Friedrich Nietzsche, *Par-delà le bien et le mal*, Paris, Gallimard, Folio Essai, 1987.

Blaise Pascal, *Les Pensées*, Paris, Le Livre de poche, 2000.

Platon, *La République*, GF Flammarion, 2014.

Jean-Jacques Rousseau, *Les Rêveries du promeneur solitaire*, Paris, Le Livre de poche, 2001.

William Shakespeare, *La Mégère apprivoisée*, Paris, Flammarion, Paris, 1993.

Alan Sillitoe, *La Solitude du coureur de fond*, Paris, Seuil, Points, 2011.

Hunter S. Thompon, *Le Marathon d'Honolulu*, Auch, Tristram, 2012.

Virgile, *L'Énéide*, Paris, Le Livre de Poche, 2004.

Vladimir Vyssotski, *Vol arrêté*, extrait de *L'Horizon*, album, Paris, Le Chant du Monde, 1977.

Films

Les Chariots de feu, Hugh Hudson, 1981.

Une équipe hors du commun, Penny Marshall, 1992.

Ralph, Michael McGowan, 2004.

Free to run, documentaire réalisé par Pierre Morath, 2016.

Marathon Man, John Schlesinger, 1976.

Sur la ligne, Andrea Sedláčková, 2014.

Forrest Gump, Robert Zemeckis, 1994.

Table des matières

Dans la même collection

Petit éloge de la gentillesse, Emmanuel Jaffelin

Petit éloge du charme, Harold Cobert

Petit éloge du transat, Vanessa Postec

Petit éloge des saisons, Pierre Pelot

Petit éloge de la jouissance féminine, Adeline Fleury

Petit éloge du catholicisme français, Jean-François Bouthors

Petit éloge de David Bowie, Daniel Salvatore Schiffer

Petit éloge de l'enfant, Pierre Lassus

Petit éloge de la course cycliste, Jean Cléder

Petit éloge des gares, Pierre Lassus

Petit éloge du rugby, Ludovic Ninet

Petit éloge du surf, Joël de Rosnay

Petit éloge de la gourmandise, Nicolas d'Estienne d'Orves

Petit éloge de la gratitude, Olympia Alberti

Petit éloge du baiser, Jérôme Attal

Pour limiter l'empreinte environnementale de leurs livres, Les Pérégrines font le choix de papiers issus de forêts gérées durablement et de sources contrôlées.

Imprimé en France par Corlet en mars 2024 sur du papier Holmen Book Extra pour l'intérieur et Rives tradition blanc naturel pour la couverture.

IMPRIM'VERT®

Dépôt légal : octobre 2021
N° d'impression : 24030232
ISBN : 979-10-252-0543-3